As 5 linguagens do perdão

CB140655

As 5 linguagens do perdão

GARY CHAPMAN
JENNIFER THOMAS

Traduzido por Omar de Souza e Emirson Justino

2ª edição

MUNDO CRISTÃO

Copyright © 2013 por Gary Chapman e Jennifer Thomas
Publicado originalmente por Northfield Publishing, Chicago, Illinois, EUA.

Os textos das referências bíblicas foram extraídos da *Nova Versão Transformadora* (NVT), da Editora Mundo Cristão (usado com permissão da Tyndale House Publishers, Inc.), salvo indicação específica.

Todos os direitos reservados e protegidos pela Lei 9.610, de 19/02/1998.

É expressamente proibida a reprodução total ou parcial deste livro, por quaisquer meios (eletrônicos, mecânicos, fotográficos, gravação e outros), sem prévia autorização, por escrito, da editora.

CIP-Brasil. Catalogação na publicação
Sindicato Nacional dos Editores de Livros, RJ

C432c
2. ed.

Chapman, Gary
As 5 linguagens do perdão / Gary Chapman, Jennifer Thomas ; traduzido por Omar de Souza, Emirson Justino. - 2ª. ed. - São Paulo : Mundo Cristão, 2019.
208 p.

Tradução de: When sorry isn't enough : making things right with those you love
ISBN 978-65-5988-388-2

1. Relações humanas. 2. Emoções. 3. Paz de espírito. 4. Perdão I. Thomas, Jennifer. II. Souza, Omar de. III. Justino, Emirson. IV. Título.

19-56934 CDD: 158.2
CDU: 159.942

Categoria: Relacionamentos
1ª edição: outubro de 2007
2ª edição: julho de 2019
2ª edição (capa nova): outubro de 2024

Edição
Daniel Faria
Revisão
Natália Custódio
Produção
Felipe Marques
Colaboração
Ana Paz
Diagramação
Aldair Dutra de Assis
Capa
Jonatas Belan

Publicado no Brasil com todos os direitos reservados por:

Editora Mundo Cristão
Rua Antônio Carlos Tacconi, 69
São Paulo, SP, Brasil
CEP 04810-020
Telefone: (11) 2127-4147
www.mundocristao.com.br

Sumário

A Karolyn, que aceitou meus pedidos de desculpas
e me perdoou muitas vezes durante
décadas de vida conjugal.

* * *

A meu pais, Kim e Frankie McCain,
obrigada pelas bênções da vida e do amor.

Agradecimentos

Seríamos obrigados a pedir perdão se não demonstrássemos nosso agradecimento às centenas de casais que dedicaram seu tempo para preencher nossos questionários sobre a questão do perdão e a outros tantos que nos concederam longas entrevistas. Sem a ajuda dessas pessoas, não teríamos condições de escrever este livro. Muitos desses casais foram muito sinceros ao falar sobre seus fracassos relacionados às dificuldades de pedir e conceder perdão. Outros relataram a jornada que os conduziu à descoberta da arte de pedir e conceder perdão de maneira eficaz e à alegria da reconciliação. A honestidade desses casais enriqueceu o conteúdo desta obra.

Nós, os autores, também temos uma dívida de gratidão com os casais e as pessoas que buscaram aconselhamento conosco. Muitos pacientes que nos procuraram em nossos consultórios o fizeram porque fracassaram na hora de pedir perdão. As experiências que viveram nos ensinaram muito sobre a dor da rejeição. Em alguns casos, também nos proporcionaram a alegria de vê-los aprendendo a pedir desculpas e a desculpar, abrindo, dessa maneira, a porta para o perdão e a reconciliação. Optamos por nos referir a eles com nomes fictícios e omitir determinados detalhes a fim de preservar sua privacidade, mas as histórias que viveram acrescentaram muito a este livro.

Agradecemos especialmente a Tricia Kube, que digitou os manuscritos e nos incentivou bastante; a Shannon Warden, que criou o questionário que se encontra no fim do livro e que também ajudou muito no recolhimento e na organização dos formulários que usamos na pesquisa; a Kay Tatum, nossa guru editorial, responsável por transformar nossos manuscritos num projeto que pudesse ser apresentado à editora; e um agradecimento especial a Rob Eagar, da WildFire Marketing, por suas valiosas instruções.

Também agradecemos a Greg Thornton, Betsey Newenhuyse e à equipe maravilhosa da Moody Publishers, que não apenas fez um trabalho excelente na edição do livro como também nos incentivou durante o período de pesquisa e redação.

Por fim, os autores desejam expressar seu agradecimento aos respectivos cônjuges, Karolyn e J. T., aos quais dedicamos esta obra. Sem o amor e o apoio que recebemos da parte deles, nenhum de nós teria capacidade emocional de levar esse projeto a cabo. Este livro é um tributo à generosidade de nossos cônjuges.

GARY CHAPMAN, PH. D.
JENNIFER M. THOMAS, PH. D.

Introdução: Por que isso é importante

"Minha filha está sempre atrasada", disse-me uma mulher. "Ela é uma jovem maravilhosa, mas tem o costume de chegar atrasada a todo lugar: ao jantar em nossa casa, à igreja, aonde for. Não é algo tão importante, mas gostaria que, pelo menos uma vez, ela pedisse perdão."

Outra mulher, que chamarei de Lisa, disse-me o seguinte: "Amo muito meu marido, mas estou cansada dos repetidos pedidos de desculpa sem que haja mudança de comportamento, especialmente quando se trata dos afazeres domésticos. Não basta dizer: 'Desculpe-me por ter esquecido de limpar o chão da cozinha'. Ele tem de se lembrar de limpar!".

Jack, um cinquentão, está magoado com o irmão porque anos atrás este lhe fraudou certa quantia em dinheiro: "Em nenhum momento ele me disse que se sentia mal pelo que fez. Não me importo com o dinheiro, mas penso que ele deveria consertar as coisas de alguma maneira".

Michelle divorciou-se recentemente de Sam. Contudo, ela reconhece sua parte na desintegração do casamento, e Deus a está levando a buscar reconciliação: "Lá no fundo, creio que Deus está dizendo que vale a pena seguir por essa estrada tão pouco utilizada".

Essas ofensas todas variam da chateação à destruição da vida. Em todos os casos, porém, o relacionamento precisa de reparos. Um erro precisa ser corrigido. Por onde começamos?

Sara se perguntava a mesma coisa quando se aproximou de mim em um dos meus seminários sobre casamento. Antes do início da conferência, ela me perguntou:

— O senhor vai falar sobre a importância do perdão?

— É um tópico interessante — respondi. — Por que está perguntando isso?

— Bem, tudo o que meu marido diz é que sente muito. Para mim, isso não é pedir perdão.

— Então o que você quer que seu marido diga ou faça? — perguntei.

— Quero que ele admita que está errado e que me peça que o perdoe. Também quero que ele me garanta que o erro em questão não voltará a acontecer.

A dra. Jennifer Thomas e eu realizamos intensas pesquisas sobre a importância de pedir perdão de maneira efetiva, e o que aprendemos nos convenceu de que Sara não está sozinha nesse desejo de lidar com questões relacionadas à admissão de erros e à busca de perdão. *Perdão*, porém, não tem o mesmo significado para todas as pessoas. Isso acontece porque temos diferentes "linguagens" para pedir desculpas.

"Vejo muito isso em minhas sessões de aconselhamento", disse Jennifer. "Um cônjuge diz: 'Se ele ao menos pedisse desculpas', e o outro diz: 'Eu pedi desculpas'. Com isso, iniciam uma discussão sobre o que significa pedir perdão. Fica claro que eles têm percepções diferentes."

Em meu consultório, observei diversos casais que exibiam comportamento similar. Era evidente que não estavam se conectando um com o outro. O suposto pedido de desculpa não tinha o efeito desejado de perdão e reconciliação. Também me lembro de ocasiões, em meu próprio casamento, em que Karolyn pedia perdão e eu considerava seu pedido bastante fraco; em outras ocasiões, quando era eu quem me desculpava, ela tinha dificuldade para perdoar por não sentir que eu estava sendo sincero.

Acreditamos que ir além de um rápido "sinto muito", ou seja, de fato aprender a pedir perdão, pode ajudar a reacender o amor que foi esmaecido pela dor. A nosso ver, quando todos nós aprendermos a pedir perdão, e quando entendermos a linguagem do perdão um do outro, poderemos trocar as velhas desculpas por honestidade, confiança e alegria.

Todos estamos dolorosamente conscientes dos conflitos, das divisões, da ira e das contendas existentes em nosso mundo hoje, desde as grandes capitais até as pequenas cidades do interior. Concluiremos, portanto, com um capítulo que alguns poderão considerar algo etéreo, mas que, a nosso ver, tem um grande potencial: como seria o mundo se todos aprendêssemos a verdadeiramente pedir perdão?

Junte-se a nós nesta análise do que significa pedir perdão e seguir rumo ao perdão verdadeiro.

1
Corrigindo erros

Num mundo ideal não haveria necessidade de ninguém se desculpar por nada. Acontece que o mundo está longe do ideal, e por isso não há como viver sem o processo do perdão. Minha área de especialização acadêmica é a antropologia, o estudo da cultura humana. Uma das conclusões mais claras dos antropólogos é que todas as pessoas possuem um senso de moralidade: algumas coisas são certas, outras são erradas. As pessoas são inescapavelmente morais. Na psicologia, isso costuma ser chamado de "consciência". Na teologia, pode ser uma referência ao "senso de dever moral" ou à marca divina impressa em todos os seres humanos.

As pessoas são inescapavelmente morais.

É certo que os padrões que norteiam a consciência na hora de condenar ou afirmar alguma coisa são influenciados pela cultura. Por exemplo, na cultura esquimó, se alguém está empreendendo uma jornada e fica sem comida, tem total permissão de entrar no iglu de um estranho e comer o que estiver disponível. Na maioria das culturas ocidentais, entrar numa casa ocupada por outra pessoa seria considerado invasão de domicílio, passível de ser punida como crime. Embora o padrão do que seja lícito compreenda algumas diferenças entre uma cultura e outra (ou, em alguns casos, dentro da mesma cultura), todo mundo possui esse senso de certo e errado.

Quando uma pessoa acha que outra ultrapassou esse limite, fica com raiva. Ela se sente ofendida e magoada com aquela que traiu sua confiança. A atitude que gerou o conflito se torna uma barreira entre as duas pessoas, e o relacionamento sofre uma ruptura. Mesmo que desejem agir como se nada errado tivesse acontecido, elas ficam impedidas de conviver bem. Jack, cujo irmão o engambelou anos atrás, diz: "As coisas entre nós nunca mais foram as mesmas". Algo no íntimo da pessoa ofendida exige justiça. Essa realidade da natureza humana é a base de todos os sistemas judiciais.

Um apelo à reconciliação

Embora a justiça possa proporcionar alguma satisfação à parte ofendida, não tem a capacidade de restabelecer relacionamentos. Se o funcionário de uma empresa é flagrado roubando, passa por um julgamento e paga uma fiança ou vai preso, todos dizem: "Foi feita justiça". Mas é pouco provável que a empresa aceite de novo aquele ex-funcionário para ocupar a função que ele deixou. Por sua vez, se um funcionário rouba da empresa, mas assume imediatamente a responsabilidade pelo erro, denuncia seu ato ao chefe, demonstra arrependimento genuíno, oferece-se para pagar eventuais prejuízos e pede desculpas, há alguma possibilidade de que seja autorizado a continuar ocupando seu cargo.

A humanidade tem uma capacidade impressionante de perdoar. Lembro-me de algo que aconteceu há muitos anos, quando visitei a cidade de Coventry, na Inglaterra. Fiquei parado sob a abóbada de uma igreja que havia sido bombardeada pelos nazistas na Segunda Guerra Mundial. Ouvi o guia contar a história da nova catedral erguida ao lado das ruínas. Alguns anos depois da guerra, um grupo de alemães foi até o local e ajudou a construir a nova catedral como um ato de arrependimento pelos prejuízos que seus compatriotas causaram. Todos concordaram em manter as ruínas do templo antigo como forma de relembrar o que acontecera. As duas estruturas tinham um forte simbolismo: uma demonstrava a falta de humanidade entre alguns seres humanos, e a outra, o poder do perdão e da reconciliação.

Algo em nós faz um apelo à reconciliação quando um erro compromete o relacionamento. O desejo de se reconciliar é geralmente mais poderoso que o anseio por justiça. Quanto mais íntimo for o relacionamento, mais profundo será o desejo de reconciliação. Quando o marido trata a esposa de maneira injusta, o coração dessa mulher, mesmo magoado e ofendido, se divide entre a aspiração por justiça e o desejo de perdoar. Ela quer que ele pague pelo erro que cometeu, mas também anseia pela reconciliação. Só um pedido de perdão sincero da parte do marido pode tornar a verdadeira reconciliação possível. Se ele não toma a iniciativa, o senso de moralidade da mulher a induz a exigir justiça. Por várias vezes ao longo dos anos, acompanhei processos de divórcio e vi o esforço do juiz para determinar o que seria uma sentença justa. Sempre me perguntei se um pedido de desculpas sincero poderia mudar aquele desfecho tão triste para o relacionamento do casal.

O desejo de se reconciliar é geralmente mais poderoso que o anseio por justiça.

Ao olhar nos olhos de um adolescente revoltado, ficava imaginando como a vida seria diferente se um pai agressivo fosse capaz de pedir perdão. Sem o pedido de perdão, a ira se avoluma e nos induz a exigir justiça. Como já vimos, quando a justiça não é feita, tendemos a tentar resolver a questão com as próprias mãos, buscando vingança contra quem nos feriu.

A ira cresce e pode descambar em violência. O sujeito que invade o escritório de seu antigo chefe e atira nele e em três colegas está queimando por dentro com a sensação de injustiça, a tal ponto que apenas a vingança assassina será capaz de corrigir o erro. Tudo poderia ser diferente caso ele tivesse tido a coragem de confrontar o outro com amor — e os outros tivessem tido a coragem de dizer: "Eu estava errado".

Você é capaz de perdoar mesmo quando não há pedido de perdão?

Só existe perdão verdadeiro e reconciliação genuína quando alguém pede desculpas. Algumas pessoas, principalmente dentro da cosmovisão cristã, ensinam que deve haver perdão mesmo sem um pedido de desculpas. Costumam citar as palavras de Jesus: "Mas se vocês se recusarem a perdoar os outros, seu Pai não perdoará seus pecados" (Mt 6.15). Por isso, quando aconselham uma mulher traída pelo marido (o qual continua mantendo um caso extraconjugal), dizem a ela: "Você precisa perdoá-lo, caso contrário Deus não pode perdoá-la". Essa interpretação dos ensinamentos de Jesus não condiz com outras orientações das Escrituras a respeito do perdão. O cristão é instruído a perdoar as pessoas assim como Deus nos perdoa — mas como funciona esse perdão do Senhor? A Bíblia afirma que, se confessarmos nossos pecados, Deus os perdoa (Ef 4.32; 1Jo 1.9). Nada no Novo e no Antigo Testamento indica que o Senhor perdoa os pecados de pessoas que não os confessam e se arrependem deles.

Quando um pastor incentiva uma mulher a perdoar o marido adúltero que continua mantendo o caso extraconjugal, está exigindo dela algo que o próprio Deus não exige. Jesus ensinou que devemos estar sempre dispostos a perdoar as pessoas que se arrependem, assim como Deus está o tempo todo pronto para nos perdoar quando nos arrependemos. Há quem se oponha a essa ideia sob a alegação de que Jesus perdoou aqueles que planejaram e executaram sua morte, mas não é isso que as Escrituras dizem. A oração de Jesus foi esta: "Pai, perdoa-lhes, pois não sabem o que fazem" (Lc 23.34). Jesus expressou sua compaixão e seu desejo de ver seus assassinos perdoados. Esse também deve ser o desejo e a oração de nosso coração. Mas o perdão só veio depois, quando eles admitiram que haviam acabado de crucificar o Filho de Deus (At 2.22-24,40-41).

Quando um pastor incentiva uma mulher a perdoar o marido adúltero que continua mantendo o caso extraconjugal, está exigindo dela algo que o próprio Deus não exige.

O perdão gratuito costuma ser incentivado pelo bem daquele que perdoa, e não como um benefício para o responsável pela ofensa, pois quando não há um pedido de desculpas, também não existe reconciliação. Sem um pedido de perdão, o cristão é encorajado a entregar a pessoa que o ofendeu à justiça de Deus (Rm 12.19) e ficar com o prejuízo, permitindo que o Senhor aplaque sua ira.[1]

Dietrich Bonhoeffer, o grande teólogo martirizado pelos nazistas num campo de concentração em 1945, manifestou-se contra a "pregação de perdão sem a exigência do arrependimento". Ele se referia a esse tipo de perdão como "graça barata", em que "a justificação do pecador [...] tornou-se justificação do pecado".[2]

O perdão genuíno remove a barreira criada pela ofensa cometida e abre o caminho para a restauração gradativa da confiança. Se o relacionamento era terno e íntimo antes do conflito, é possível recuperar esse amor. Se as pessoas envolvidas eram apenas conhecidas, sem vínculos de amizade, o relacionamento pode evoluir e se tornar mais forte por meio do processo dinâmico do perdão. Se a ofensa foi causada por uma pessoa desconhecida, como um estuprador ou um assassino, não há relacionamento a ser restaurado. No caso de ela pedir perdão e você o conceder, ambos estão livres para seguir com a vida, embora o criminoso tenha de enfrentar o sistema judicial criado pela cultura para corrigir o comportamento ilícito.

Um galão de vinte litros

Ao pedir perdão, assumimos a responsabilidade por nosso comportamento e procuramos maneiras de reparar o prejuízo daquele a quem ofendemos. Um pedido de desculpas sincero abre espaço para o perdão e a reconciliação. A partir daí é possível dar continuidade à consolidação do relacionamento. Sem o pedido de perdão, a ofensa permanece como uma espécie de barreira e a qualidade do relacionamento fica comprometida. Os bons relacionamentos são sempre marcados pela disposição de pedir e conceder perdão, bem como pelo interesse na reconciliação.

O pedido de desculpas sincero alivia a consciência culpada. Tente imaginar sua consciência como um galão de vinte litros amarrado às suas costas. Toda vez que você faz alguma coisa contra alguém, cinco litros de água são colocados nesse galão. Depois de cometer três ou quatro erros, a consciência fica pesada demais, causando uma sensação de culpa e vergonha. A única maneira de esvaziar esse galão é pedindo perdão a Deus e à pessoa que você ofendeu. Quando isso acontece, você consegue levantar o olhar ao Senhor, encarar sua imagem no espelho e ver a pessoa ofendida face a face — não por ser perfeito, mas porque foi capaz de assumir a responsabilidade por seu erro.

Podemos ou não aprender a arte de pedir perdão durante a infância. Em famílias saudáveis, os pais ensinam os filhos a fazer isso. No entanto, muitas crianças são criadas em lares nos quais, em vez de equilíbrio emocional, imperam a mágoa, a ira e a amargura, e ninguém nunca pede perdão.

Como é o amor verdadeiro

A boa notícia é que a arte de pedir perdão pode ser aprendida. Descobrimos em nossas pesquisas que há cinco aspectos fundamentais nessa questão. Nós os denominamos as cinco linguagens do perdão. Cada uma dessas linguagens é importante, mas, dependendo da pessoa, uma ou duas podem ser mais eficazes que as demais. O segredo dos bons relacionamentos consiste em aprender a linguagem do perdão mais apropriado à outra pessoa e se dispor a expressá-la. Quando se usa essa linguagem primordial, é muito mais fácil receber o perdão. Porém, quando a linguagem é negligenciada, o perdão se torna um processo muito mais complicado, pois a outra pessoa não terá tanta certeza de que o pedido de desculpas é sincero.

A compreensão e a aplicação das cinco linguagens do perdão podem potencializar todos os relacionamentos.

Nos próximos cinco capitulos, explicaremos que linguagens são essas. No capítulo 7, demonstraremos como descobrir a sua linguagem do perdão primordial, bem como a da pessoa com quem você interage, para que todos os esforços empreendidos no processo do perdão sejam mais produtivos.

Com frequência, amar significa se desculpar — vez após vez. O amor verdadeiro sempre implica um pedido de perdão por parte da pessoa que erra e uma concessão de perdão pela que foi prejudicada. Essa é a trilha que conduz a relacionamentos restaurados e felizes. Tudo começa quando aprendemos a usar a linguagem do perdão mais apropriada.

Fale sobre o assunto

Seguem algumas perguntas que visam despertar interações e estimular reflexões. Compartilhe-as com seu cônjuge, com um amigo próximo ou em um pequeno grupo, ou use-as para meditação pessoal.

Discuta a observação do autor: "As pessoas são incuravelmente morais". Concorda? Discorda?

Conte uma história que você tenha ouvido ou vivenciado que demonstre a surpreendente capacidade humana de perdoar.

As pessoas com quem mais nos importamos são as mais impactadas por nossos pedidos de desculpas. Quem em sua vida mais se beneficiará do seu aprendizado no estudo do perdão?

2

"Sinto muito": Manifestação de arrependimento

Aqueles de nós que sofreram *bullying* durante a infância — ou que tiveram filhos vítimas desse abuso — sabem que as cicatrizes são profundas e duradouras. Mas alguns alunos do ensino fundamental no estado norte-americano da Louisiana estão aprendendo uma lição importante. Num recente encontro sobre combate ao *bullying* numa escola na cidade de Lafayette, a aluna Kyannah Mathis, de apenas 7 anos, admitiu que havia praticado *bullying* contra colegas de classe. Disse que se sentia triste desde a morte da avó e achava que poderia descontar nos outros um pouco dessa tristeza. Com o incentivo do facilitador Asher Lyons, Kyannah convidou duas de suas amigas ao palco e pediu desculpas a elas, depois pediu que a perdoassem e perguntou o que poderia fazer para consertar a situação. As meninas apertaram as mãos e concordaram em ser amigas.

"Eu me sinto bem melhor porque não estou mais aborrecida", disse Kyannah depois do encontro. Uma de suas amigas, Nevaonna Alfred, 8 anos, disse que estava agradecida pela ajuda de Kyannah e relatou que, quando sofria *bullying*: "Ficava muito irritada". E completou: "Só quero que sejamos amigas".[1]

Anos atrás, eu (Gary) estava assistindo a Oliver North, o famoso oficial militar e autor, falar sobre Jane Fonda em um programa de entrevistas. Ele citava os "atos de traição" que, segundo ele, Jane Fonda havia cometido durante a guerra do Vietnã. O apresentador Alan Colmes disse:

— Mas ela pediu desculpas!

Ao que North respondeu:

— Não, ela não pediu.

— Ela disse que sentia muito — respondeu Colmes.

— Isso não é um pedido de perdão — disse North. — Ela não disse: "Vocês me perdoam?". "Sinto muito" não é um pedido de perdão.

Além de suas diferenças políticas, Oliver North e Alan Colmes claramente não concordavam a respeito do que constitui um pedido de perdão. Talvez eles pudessem aprender uma lição com Kyannah e Nevaonna.

Onde tudo começa

Em 2013, Lance Armstrong admitiu a Oprah Winfrey que havia trapaceado em relação ao *doping*, que havia mentido sobre isso e que havia processado pessoas inocentes como parte de seu plano para ocultar a verdade. O tempo dirá se sua confissão ajudará a salvar seu legado.

Dizer que sente muito é suficiente?

Talvez nem sempre, como veremos. Mas essa atitude de fato forma a base de nossa primeira linguagem do perdão: *manifestação de arrependimento*. Manifestar o arrependimento é o aspecto emocional do pedido de perdão. É uma forma de alguém mostrar à pessoa ofendida que tem consciência da culpa, da vergonha e da dor causadas pelo comportamento inadequado. É interessante destacar que, ao escrever o livro *Tudo que eu devia saber na vida aprendi no jardim de infância*, Robert Fulghum incluiu o seguinte como uma das coisas que ele aprendeu: "Diga que sente muito quando magoar alguém".[2] Demonstrar arrependimento é fundamental aos bons relacionamentos.

O pedido de perdão é gerado no ventre do arrependimento. Nós nos arrependemos da dor, da decepção, do inconveniente e da desconfiança que causamos. O arrependimento se concentra naquilo que se fez de errado e no prejuízo que esse ato provocou na outra pessoa. A parte ofendida é tomada pelo sentimento de mágoa. Para ela, é importante que o responsável por sua dor também a sinta. Ela precisa de provas de que aquele que a ofendeu tem a noção da mágoa que causou. Para algumas pessoas, basta ouvir isso daquele que está pedindo desculpas. Sem a expressão do arrependimento, elas não consideram o pedido de perdão apropriado ou sincero.

O arrependimento se concentra naquilo que se fez de errado e no prejuízo que esse ato provocou na outra pessoa.

As palavras mágicas

Um simples "sinto muito" pode produzir um grande efeito quando se trata de restaurar o relacionamento. Para certas pessoas, a falta dessas duas palavras faz uma grande diferença. Com frequência, as pessoas que magoam outras não percebem que se esqueceram dessas palavras mágicas, mas você pode ter certeza de que a parte ofendida ficará em silêncio até que as ouça.

Permita que eu (Jennifer) compartilhe uma história pessoal. Tempos atrás, fiz parte de uma seleção de mulheres que receberam prêmios de fim de ano por liderar pequenos grupos. Escolhi o meu por meio do catálogo de vendas apresentado por uma consultora, e fiquei ansiosa para recebê-lo. Meses depois, eu ainda não havia recebido o produto que escolhera. Fiquei intrigada com o destino de meu pedido. "Onde será que foi parar?" Depois de certo tempo, não tendo recebido nada, concluí que o produto que estava esperando provavelmente tinha sido extraviado. Na época, achei que não valia a pena reclamar com ninguém. Para mim, bastava ter gostado muito de liderar o grupo. Tirei o problema da minha cabeça com o seguinte raciocínio: "Fácil vem, fácil vai".

Imagine minha surpresa quando recebi uma mensagem telefônica da consultora de vendas, meses mais tarde. Ela informou que, ao organizar algumas caixas, encontrou meu pedido! Encerrou a mensagem dizendo apenas que tomaria as providências para que aquele produto chegasse às minhas mãos. De minha parte, estava surpresa e feliz por receber algo com que nem contava mais. No entanto, havia uma coisa me incomodando naquilo tudo. Ouvi novamente aquela mensagem e confirmei minhas suspeitas: a consultora não havia mencionado nenhum pedido de desculpas pelo erro, nem manifestou qualquer tipo de arrependimento. Se tivesse pedido desculpas, eu teria aceitado na mesma hora.

Como não poderia deixar de ser, fiquei com aquilo na mente por tempo suficiente para colocar no papel e refletir com que frequência eu fazia a mesma coisa. Será que consigo corrigir um erro quando deixo de assumir a responsabilidade por ele ou quando não me arrependo por tê-lo cometido? As palavras mágicas "sinto muito" teriam feito muita diferença para mim.

"Quero que ele compreenda quanto me magoou"

Muita gente pode se identificar com a experiência de Jennifer. Karen vive em Duluth, no estado de Minnesota. É casada com Jim há 27 anos. Quando eu (Gary) perguntei a ela o que esperava de um pedido de desculpas quando o marido cometia um erro, sua resposta automática foi esta:

— Mais que qualquer outra coisa, quero que ele compreenda quanto me magoou e por que fiquei tão triste. Quero que Jim veja a situação do meu ponto de vista. Espero ouvi-lo dizer: "Sinto muito mesmo. Peço que me perdoe". Ajuda muito quando ele demonstra verbalmente que sabe como seu erro me magoou. Quando Jim faz isso, sei que ele entendeu o que fez. E se o erro que cometeu foi muito grave, espero ver nele uma tristeza sincera por ter me causado tamanha dor.

— Quando você diz "muito grave" — perguntei —, que tipo de erros você tem em mente?

— Algo como aquela vez que ele levou uma garota do escritório para almoçar sem me avisar. Fiquei sabendo por intermédio de uma amiga e fiquei muito magoada. Acho que, se ele tivesse tentado se justificar, continuaria triste até hoje. Veja bem, meu marido não é o tipo de homem que convida outras mulheres para almoçar. Eu tinha certeza de que ela exercia algum tipo de encanto sobre ele, senão Jim não teria feito aquilo. Ele admitiu que eu estava certa e disse que sentia muito pelo que fez. Falou que também confiava que eu jamais sairia para almoçar com outro homem e que, se eu o fizesse, ele também ficaria muito magoado. Garantiu que estava arrependido e que desejava nunca ter feito aquilo. Eu sabia que ele estava sendo sincero quando vi lágrimas em seus olhos.

Para Karen, o cerne de um pedido de perdão é uma expressão sincera de arrependimento.

O que seu corpo diz?

Se temos, de fato, a intenção de demonstrar sinceridade à pessoa que ofendemos, é importante que haja coerência entre a linguagem corporal e as palavras que dizemos. Karen citou as lágrimas de Jim como evidência de sua sinceridade. Veja o que disse outra mulher: "Sei quando meu marido sente remorso de verdade por alguma coisa errada que tenha feito porque ele fica muito quieto e seus gestos passam a ser mais contidos. Ele pede desculpas usando uma voz bem suave e abaixando a cabeça. Para mim, isso é prova de que meu marido está realmente arrependido do que fez. Tenho certeza de que ele está sendo sincero".

Robert e Katie são casados há sete anos. Ao perguntar a ele como sabia quando a esposa estava pedindo desculpas com sinceridade, a resposta que me deu foi esta: "Percebo no olhar dela. Se ela me olha nos olhos e diz que sente muito, sei que está sendo sincera. Mas se diz a mesma coisa casualmente, de passagem pelo quarto ou coisa assim, sei que ainda está escondendo alguma coisa. Um abraço e um beijo depois do pedido de perdão também ajudam a me convencer da sinceridade".

Robert é um exemplo de que, às vezes, a linguagem corporal fala mais alto que a verbal. Isso é especialmente verdadeiro quando há um conflito entre esses dois tipos de linguagem. Por exemplo, certa esposa disse o seguinte: "Quando meu marido grita comigo e diz: 'Eu já falei que sinto muito', mas seu olhar é duro e suas mãos tremem, é como se estivesse tentando me induzir a perdoá-lo. Para mim, parece que ele está mais preocupado em seguir adiante e esquecer o problema do que pedir desculpas de verdade. É como se o fato de eu estar magoada não fizesse nenhuma diferença. 'Vamos tocar a vida'".

Sente muito? Pelo quê?

Um pedido de desculpas possui mais poder de impacto quando é bem específico. LuAnn assimilou essa ideia quando afirmou: "Espero que a pessoa que me pede desculpas diga exatamente o motivo pelo qual está tomando aquela atitude". Quando somos específicos, demonstramos à pessoa ofendida que temos a noção de quanto nossa atitude a magoou. Ao agir assim, concentramos a questão no erro cometido e no prejuízo que ele causou.

Quanto mais detalhes consideramos, melhor para nós. Se eu (Jennifer) desse um bolo em alguém com quem tivesse marcado um cinema, não me limitaria a dizer: "Sinto muito por não ter aparecido". Seria melhor para a outra pessoa se eu mencionasse todos os problemas que a minha atitude provocou. Por exemplo: "Olhe, sei que você saiu de casa na hora certa e parou o que estava fazendo para me encontrar. Enfrentou o pior trânsito possível para estar aqui a tempo e teve de esperar muito, preocupada em saber se estava tudo bem comigo. Sei que não gostou de perder o filme, e isso significa que minha negligência estragou o programa que você estava planejando. Posso imaginar sua decepção. Também sentiria o mesmo se isso tivesse acontecido comigo. Você tem direito de estar zangada, decepcionada, frustrada e magoada. Quero que saiba que sinto muito por ter sido tão irresponsável, e digo isso com toda a sinceridade".

Os detalhes revelam quanto compreendemos a gravidade de um erro cometido e o inconveniente que pode ter causado à pessoa ofendida.

"Que tipo de pedido de desculpas é esse?"

O arrependimento sincero não precisa de adornos. Não deve ser acompanhado de justificativas, de "mas...". Rodney, casado pela segunda vez há três anos, diz: "Sei que o pedido de desculpas de minha esposa é sincero quando ela diz: 'Sinto muito. Sei que você ficou chateado quando gritei'. Ela não fica me acusando de ter feito alguma coisa que a magoou. Minha primeira esposa sempre me culpava por tudo".

Muitas pessoas com quem falamos durante nossa pesquisa deram depoimentos similares ao de Rodney. "Ela pede perdão, mas depois diz que errou por causa de alguma coisa que *eu* fiz."

"Minha primeira esposa sempre me culpava por tudo."

Brenda se lembra bem de uma das tentativas fracassadas que o marido fez de pedir desculpas. Aconteceu na noite anterior a um de meus seminários sobre casamento, do qual planejavam participar. O marido foi à festa de aniversário de um colega de trabalho, enquanto Brenda ficou em casa com os quatro filhos do casal. Como ele costumava trabalhar das dez da noite às seis da manhã, ela tinha planos de passar o máximo de tempo juntos.

"Embora me visse zangada, ele saiu e disse que voltaria uma hora depois", relata Brenda. "Duas horas e meia mais tarde, quando todos nós já estavámos na cama, ele apareceu. Pediu desculpas, mas também disse que eu estava agindo como criança e, além disso, ele tinha direito de sair. Por mais que ele falasse, nada do que dizia estava ajudando, pois a intenção era me insultar. Tinha orado pedindo que, quando ele chegasse, eu não reagisse mal, mas estava com tanta raiva que não deu certo."

Toda vez que jogamos a culpa na outra pessoa, deixamos de pedir perdão e partimos para o ataque. Esse tipo de atitude nunca produz perdão e reconciliação.

Megan é uma mulher solteira de 29 anos. Durante três deles, namorou firme. Ela contou: "Sempre que um pedido de perdão é seguido da apresentação de alguma justificativa pelo erro cometido, a desculpa anula a intenção original. Apenas admita que você me magoou ou decepcionou, sem querer ou de propósito. Não peça perdão e depois tente justificar o erro. Basta pedir desculpas".

As irmãs Juanita e Jasmine viviam brigando. Ambas queriam manter um relacionamento mais agradável, mas nenhuma das duas sabia como fazê-lo. Perguntei a Jasmine se Juanita pedia desculpas quando perdia a calma, e a resposta foi a segunte: "Ela pede desculpas o tempo todo, mas quase sempre termina seu pedido de perdão dizendo algo como: 'Eu só queria que você parasse de me encher o saco. Sei que não sou tão educada quanto você, mas isso não quer dizer que eu deva ser tratada como lixo'. Que tipo de pedido de desculpas é esse? Ela joga a culpa toda em mim".

Perdão sem manipulação

Uma manifestação sincera de arrependimento não deve manipular o sentimento da pessoa ofendida nem a constranger a reagir de maneira similar. Natalie e Ryan namoram há dois anos e estão passando por uma situação complicada. Ela relata: "De vez em quando, Ryan diz que sente muito por ter cometido algum erro. Mas aí fica na expectativa de que eu fale a mesma coisa, mesmo quando não acho que deva fazê-lo, pois quem deu motivo e começou a discussão foi ele. Isso não funciona comigo. Quero que ele diga que sente muito sem esperar nenhum tipo de contrapartida. Se fizer assim, aí vou acreditar que está mesmo arrependido".

Às vezes magoamos as pessoas sem perceber. Com certeza, não foi intencional. Bons relacionamentos são potencializados quando há manifestações de arrependimento por erros cometidos, mesmo quando não houve intenção de magoar. Se dou um encontrão em alguém que está saindo do mesmo elevador em que entrei, digo "me desculpe" não porque tive a intenção de fazer aquilo, mas porque me identifico com os transtornos e a irritação causados por aquele encontrão casual. O mesmo princípio vale para os relacionamentos mais íntimos. Você pode não perceber que seu comportamento chateou seu cônjuge, mas quando isso vem à tona, então é possível dizer: "Sinto muito que meu comportamento tenha provocado esse sentimento desagradável em você. Não tive intenção de magoar".

O arrependimento deve se concentrar na solução do problema causado pelo comportamento inadequado e na manifestação de solidariedade à pessoa que ficou magoada. A falta de sinceridade também pode ser sinalizada quando dizemos "sinto muito" só para que a outra pessoa pare de falar no assunto incômodo. Rondha passou por essa situação: "Logo no início do casamento, meu marido fez uma coisa que prejudicou muito nosso relacionamento e se recusou terminantemente a pedir desculpas ou se arrepender. Quando, por fim, disse que sentia muito, sua intenção era apenas encerrar a discussão. A atitude dele falou mais alto que as palavras, indicando que, na prática, ele queria dizer: 'Pare de encher a paciência com isso! Estou me sentindo acuado'. Ele não percebeu que havia feito uma coisa muito ruim que me magoou demais".

"Espero que você seja capaz de me perdoar"

Colocar o pedido de desculpas no papel é uma maneira de ajudar a reforçar a sinceridade. Escrever uma carta pode potencializar emocionalmente o processo do perdão, pois o cônjuge ou amigo ofendido pode ler o texto várias vezes. Além disso, quando alguém escreve, consegue deixar mais claro seu arrependimento e verbalizá-lo de maneira mais positiva. A seguir você verá a carta de uma paciente que eu (Jennifer) atendo. Ela a recebeu do marido, e me deu permissão para publicá-la.

> Querida Olivia,
>
> Quero pedir perdão por ter chegado tarde esta noite e por não ter avisado que eu poderia me atrasar tão logo soube que isso poderia acontecer. Sei que você teve um dia difícil com as crianças. Queria muito estar em casa para poder ajudá-la a cuidar delas ou, pelo menos, chegar na hora certa para aliviar um pouco seu peso. Fiquei com o coração apertado por volta das seis e meia da noite, quando peguei a mensagem que você tinha deixado quase meia hora antes pedindo ajuda e que eu chegasse em casa na hora certa. Fico chateado só de pensar que, daquele momento em diante, você ficou na expectativa de que eu retornasse seu recado. Lamento que a falta de um bom ajuste de horários com meu chefe a tenha sobrecarregado hoje. Vou me esforçar para não deixar mais você na mão. Sinto muito, e espero que você seja capaz de me perdoar.
>
> De seu marido querido e arrependido,
>
> Jim.

Olivia escreveu no fim da folha de papel: "Perdoado", e em seguida registrou a data. É claro que a manifestação de arrependimento de Jim convenceu a esposa. Ela sentiu que o marido estava sendo sincero e não hesitou em perdoá-lo.

O poder do "sinto muito"

Veja o que as pessoas a seguir têm a dizer sobre a linguagem do amor número 1 no processo do perdão, que é a *manifestação do arrependimento*.

Marilyn, 53 anos, casada pela segunda vez há onze anos: "Meu marido comentou na frente de nossos amigos que eu estava gordinha e que comia muito. Mais tarde, naquela mesma noite, ele disse que sabia que a situação tinha sido muito constrangedora para mim e que sentia muito pelo que fizera ao falar coisas tão desagradáveis. Eu o perdoei porque senti que ele estava sendo sincero".

Vicky, 26 anos, solteira: "Quero um pedido de perdão que venha do fundo do coração, que demonstre arrependimento sincero pela atitude que me magoou tanto. Em outras palavras, quero que a pessoa se sinta mal por ter feito que eu me sentisse tão mal".

Catina, 28 anos, casada há dois: "Meu marido chegou em casa tarde uma noite, mas pediu desculpas por ter me entristecido. Disse a ele que estava tudo bem, que eu compreendia. Aí ele continuou falando, e comentou que não gostava de me decepcionar. Foi então que me senti melhor".

Charles, 40 anos, casado há duas décadas: "Sei que ela está sendo sincera quando demonstra que se arrependeu de verdade, que entendeu como me sinto e mostra que está arrependida de ter me magoado".

Todd, 34 anos, solteiro: "Quero ter certeza de que a pessoa se sente culpada pelo que fez ou disse e se arrependeu mesmo".

Para essas pessoas e muitas outras, a demonstração de arrependimento como linguagem do perdão é muito importante na cura e na restauração do relacionamento. Se você deseja mostrar a elas que está sendo sincero, então precisa aprender essa linguagem do arrependimento, cujos focos são o sofrimento provocado, a solução do problema e a relação entre esses dois fatores. Isso significa deixar claro à pessoa ofendida que você está sinceramente chateado porque sabe que suas atitudes a magoaram. Essa identificação com a dor do outro cria um ambiente mais favorável ao perdão.

Se você está disposto a demonstrar arrependimento, aqui estão algumas maneiras de expressá-lo:

Declarações de arrependimento

"Sei agora quanto magoei você. Isso me faz sofrer demais. Sinto muito pelo que fiz, com toda a sinceridade."

"Estou me sentindo muito mal por ter decepcionado você. Deveria ter pensado duas vezes antes de cometer aquele erro. Sinto muito pela dor que lhe causei."

"Na hora, é claro que não pensei no que estava fazendo. Nunca tive a intenção de magoar você, mas agora percebo que minhas palavras foram duras demais. Sinto muito por ter sido tão insensível."

"Sinto muito por ter traído sua confiança. Criei uma barreira no nosso relacionamento, e agora preciso removê-la. Entendo que, mesmo que lhe peça perdão, levará um tempo para que você volte a ter a mesma confiança que tinha em mim."

"Oferecemos um serviço, mas não fomos capazes de entregar o que prometemos. Sinto muito. Nossa empresa está em falta com você."

Fale sobre o assunto

Em sua infância, você passou por experiências similares às descritas no início deste capítulo? Há alguém de seu passado a quem gostaria de dizer que sente muito?

Você já magoou alguém sem perceber? O que fez quando se deu conta de que havia ferido alguém? A seu ver, o que a maioria das pessoas procura em um pedido de perdão?

3
"Eu errei": Aceitação da responsabilidade

Na condição de chefe, Larry costumava ser calmo, mas naquele dia em especial teve de sair do sério. Falou duramente com um de seus funcionários. O motivo era justo e a repreensão, necessária, mas como estava com muita raiva, suas palavras foram ásperas demais. Mais tarde, ele se sentiu mal pelo que havia feito, mas pensou: "Tudo o que eu disse era verdade, e o sujeito precisa mesmo se enquadrar. Ele tem de saber que quem manda aqui sou eu".

Jane tinha dificuldade para se lembrar de compromissos, principalmente os que caíam no fim de semana. Ela sempre se esquecia de olhar a agenda. Assim, lá estava outra vez chegando atrasada a uma reunião de planejamento da comunidade do bairro onde morava. Em sua mente, Jane pensou numa lista de desculpas que poderia dar por ter confundido o horário do encontro. Encabeçando o rol estava o retorno de uma viagem recente que fizera pelo país. Ela não sabia nem que dia era aquele, e menos ainda que horas o relógio marcava. Enquanto isso, os outros participantes da reunião ficaram esperando um pedido de desculpas por parte de Jane pelo fato de ter se atrasado tanto.

O jovem Shawn sentia muitas dores depois de passar por um procedimento médico. A mãe do rapaz andava de um lado para o outro, fazendo o possível para que ele se sentisse mais confortável e insistindo que o filho tomasse os analgésicos. Infelizmente, Shawn foi grosseiro com a mãe. Ele tinha noção da indelicadeza de sua atitude, mas tentou se justificar: "Remédios podem provocar efeitos desagradáveis. Minha mãe deveria saber disso".

Três situações diferentes: palavras rudes, incapacidade de cumprir compromissos e grosseria. Larry, Jane e Shawn não deixaram de se sentir culpados pelo que fizeram. Contudo, acharam que as justificativas eliminariam a necessidade de pedir perdão.

Atitudes como essas comprometem relacionamentos. Um simples pedido de desculpas pode fazer uma diferença enorme; o problema é que isso implica aceitar a responsabilidade pelo erro cometido.

Por que é tão difícil para algumas pessoas dizer: "Errei"? Com frequência, nossa relutância em admitir um erro está vinculada ao valor que nos atribuímos. Reconhecer o erro pode dar a impressão de fraqueza. Por isso pensamos assim: "Só os tolos admitem erros. Os inteligentes tentam mostrar que agiram de determinada maneira porque tinham bons motivos".

Por que é tão difícil para algumas pessoas dizer: "Errei"? Com frequência, nossa relutância em admitir um erro está vinculada ao valor que nos atribuímos.

As sementes dessa tendência à autojustificativa geralmente são plantadas ainda na infância. Quando uma criança recebe punição exagerada ou é envergonhada diante dos outros por ter cometido erros sem gravidade, o senso de valor próprio fica comprometido. Em seu subconsciente, ela faz uma ligação emocional entre o comportamento errado e a autoestima. Assim, admitir um erro é ser "mau". A criança que cresce influenciada por esse padrão terá dificuldade de admitir os erros que cometer na vida adulta porque, ao fazê-lo, sua autoestima será abalada.

A boa notícia é que, como adultos, entendemos esses padrões emocionais negativos e não nos deixamos impressionar por eles. A verdade é que todos somos pecadores; não existe adulto perfeito. As pessoas maduras aprendem a quebrar esses padrões nocivos da infância e a aceitar a responsabilidade pelos erros cometidos. O adulto imaturo sempre tenta justificar seu comportamento impróprio.

"Não foi culpa minha"

Essa mania de se justificar assume a forma de transferência de culpabilidade. A pessoa pode até admitir que falou ou fez alguma coisa ruim, mas sustentará que seu comportamento inadequado foi provocado pelas atitudes irresponsáveis de outros. Nesse caso, transfere-se a culpa, afinal é difícil admitir o erro. Essa transferência de culpabilidade também é sinal de imaturidade. Por sua natureza, as crianças culpam os outros quando fazem alguma coisa errada. Eu (Gary) lembro-me de algo que aconteceu quando meu filho, na época com 6 anos, teve de explicar por que havia derrubado um copo, estilhaçando-o no chão. Ele deu esta explicação: "Caiu sozinho". Até hoje, minha esposa e eu brincamos com isso. Quando um dos dois faz alguma coisa errada, dizemos: "Aconteceu sozinho". Ambos sabemos que é uma brincadeira, mas a verdade é que é bem mais conveniente transferir a culpa aos outros.

Adultos maduros aprendem a assumir a responsabilidade por seu comportamento, ao passo que adultos imaturos continuam alimentando fantasias pueris e tendem a jogar a culpa por seus erros sobre os outros.

No cerne da iniciativa de assumir a responsabilidade pelo próprio comportamento está a disposição de admitir: "Eu errei". Paul J. Meyer, fundador da organização Success Motivation [Motivação pelo sucesso] e co-autor de *Chicken Soup for the Golden Soul* [Canjinha para a alma feliz], afirmou: "Um dos mais importantes fatores para o sucesso é a disposição de admitir quando estamos errados".[1] Concordo com o dr. Spencer Johnson, que disse: "Poucas coisas são tão poderosas quanto o bom senso, a sabedoria e a força de admitir quando se comete um erro e de esclarecer a verdade".[2] Aprender a dizer "eu errei" é um passo importante para se tornar uma pessoa responsável e bem-sucedida.

A mulher à porta

A blogueira Reese Andrews relata uma história comovente.

> Asher, meu filho mais novo, tem 10 anos. Sofre de epilepsia e paralisia cerebral, e usa uma cadeira de rodas. Ontem, enquanto meu marido ajudava a colocar Asher e sua cadeira de rodas no ônibus escolar, uma jovem começou a ultrapassar lentamente o veículo, que estava estacionado.[3] Ela sabia o que estava fazendo. A motorista captou o olhar do meu marido enquanto se aproximava da extremidade do ônibus, e ele ficou olhando enquanto ela se dirigia ao cruzamento e ia embora.
>
> Eu gostaria de dizer que essa foi uma ocorrência incomum, mas infelizmente acontece pelo menos uma vez por mês. Alguém está ocupado demais, com pressa demais para parar enquanto as crianças estão descendo do ônibus ou subindo nele. O que aconteceu em seguida, porém, fugiu totalmente da norma.
>
> Cerca de uma hora depois, alguém bateu à nossa porta. Era a mulher que havia ultrapassado o ônibus estacionado. Ela estava tremendo.

— Sinto muito pelo que fiz. Foi extremamente desrespeitoso para com seu filho e sua família.

Ficamos impressionados.

— Eu estava com pressa, atrasada, e sabia que devia ter parado. Foi por isso que dirigi devagar daquele jeito. Mas eu só conseguia pensar no lugar aonde precisava chegar. Lamento muitíssimo.

Sim, ela sem dúvida havia feito algo errado. Aliás, ela havia desobedecido à lei. Mas nunca vi alguém com tanta dor e remorso. Não pude acreditar que ela teve tamanha coragem a ponto de vir à nossa casa para pedir perdão, mesmo sem saber qual seria nossa reação... O que me impressionou de fato foi que ela estava assumindo total responsabilidade por seus atos. Com que frequência isso acontece?

Ela estava à nossa porta, tremendo de angústia pelo que havia feito. Ela precisava ouvir que tinha sido perdoada.

— Muito obrigado mesmo, fico feliz por isso — disse-lhe meu marido.

Ela sorriu, levemente, mas agradecida. Pediu perdão outra vez e se foi.

Acredito que todos nós saímos dessa experiência melhores e com maior apreço pela força do ser humano.[4]

"É como se ele nunca errasse"

Ao dizer: "Cometi um erro", a mulher à porta estava admitindo sua falta. Muita gente precisa ouvir as palavras "Eu estava errado e assumo a responsabilidade" como parte do processo de reconciliação. Compreender essa realidade pode fazer toda a diferença do mundo quando se deseja, de fato, pedir desculpas por um erro cometido.

Joy e Rich foram ao meu consultório depois de cinco anos de casamento. Em termos financeiros, tudo estava indo bem.

Rich conseguiu um bom emprego depois de se formar na faculdade. Joy trabalhou em tempo integral nos primeiros dois anos de casamento, até que nasceu o primeiro filho. Os pais de ambos viviam na cidade e se ofereceram para tomar conta do bebê. Assim, Rich e Joy podiam passar bastante tempo livre juntos. Veja o que ela disse:

— De fato, nossa vida é maravilhosa. O único problema é que Rich nunca está disposto a pedir desculpas. Quando fica chateado porque alguma coisa não foi feita do jeito que ele queria, fica com raiva e me destrata. Em vez de se desculpar, me culpa por estar com raiva. É como se ele nunca errasse.

Em seguida, pedi a Rich que falasse:

— Não acho que seja certo pedir desculpas por alguma coisa quando a culpa não é da pessoa — disse ele. — Fico furioso mesmo, mas é porque ela me critica e faz com que eu me sinta um péssimo pai. Fico tanto tempo quanto posso com nosso filho, mas toda semana ela resmunga e me repreende falando coisas como: "Seu filho nem vai reconhecê-lo se você não passar mais tempo com ele". Preciso trabalhar muito no emprego que tenho, e quando chego em casa estou exausto. Preciso de um tempo para baixar o ritmo. Não dá para ficar andando pela casa por duas horas para brincar com Ethan.

— Eu nunca pedi que você ficasse duas horas com ele — retrucou Joy. — Quinze minutos já seriam um bom começo.

— É disso que estou falando — ele respondeu. — Se eu passasse quinze minutos, tenho certeza de que você ia pedir que eu ficasse vinte e cinco na semana que vem. Por mais que eu faça, não consigo agradá-la nunca.

Ficou evidente para mim que os comentários de Joy estavam abalando a autoestima de Rich. Ele queria ser bom pai, mas as coisas que ela dizia sugeriam que ele era um fracasso.

Não estava disposto a aceitar aquela opinião, e a maneira que encontrou de expressar sua mágoa foi o uso de palavras duras na hora do desabafo. O fato é que tanto Joy quanto Rich precisavam pedir desculpas um ao outro, mas havia um problema: nenhum dos dois achava que tinha feito alguma coisa errada. Nenhum deles tinha a intenção de magoar. Contudo, ambos eram culpados por tratar o outro de maneira indelicada.

Como Rich cresceu

Na sessão em que recebi Rich, não demorou muito para descobrir por que os comentários de Joy sobre a necessidade de ele passar mais tempo com Ethan haviam provocado uma reação tão negativa. Ele crescera num lar em que o pai era ausente a maior parte do tempo. Seu pai costumava sair de casa no domingo à noite e voltar na sexta-feira à tarde. Passava os fins de semana jogando golfe ou assistindo a eventos esportivos. Rich tinha jogado golfe com o pai algumas vezes na época do ensino médio, e de vez em quando assistiam juntos a alguma partida de futebol. Mas Rich terminou a faculdade com a sensação de que ainda não o conhecia bem. Prometeu a si mesmo que isso não aconteceria quando fosse pai — pelo contrário, encontraria maneiras de manter sempre o contato, e assim seu filho teria a certeza do amor paterno.

A reação irada de Rich reproduzia o modelo que ele observara a partir da própria mãe.

A reação irada de Rich reproduzia o modelo que ele observara a partir da própria mãe, que costumava se dirigir ao marido com palavras ásperas. Rich se identificava com o sofrimento da mãe e acreditava que ela tinha razão em se manifestar daquela maneira. Nunca a culpara, mas costumava questionar por que ela tolerava o comportamento do pai. Agora, como adulto, sentia-se na razão de usar palavras rudes, porém verdadeiras, ao discutir com Joy. Por isso, não achava necessário pedir perdão nem reconhecer que estava errado em ser tão duro com a esposa.

Tentei ajudar Rich a compreender que o exemplo recebido com a relação dos pais, e que influenciou sua criação, não era necessariamente um bom modelo de união conjugal. Ele concordou de imediato que o pai e a mãe nunca tiveram o casamento amoroso, generoso e devotado que agora queria para si. Eu disse a ele que, enquanto seguisse o mesmo modelo, o casamento que desejava continuaria sendo um ideal, jamais uma realidade. E tentei ajudá-lo a perceber a diferença entre *entender* por que as pessoas agem de determinada maneira e *aceitar* esse jeito de ser delas. Compreender por que Rich reagia daquela forma com Joy não era difícil; mas aceitar tal comportamento e considerá-lo justo era uma maneira de destruir justamente aquilo que ele mais almejava, ou seja, a cumplicidade do casamento.

A abordagem "concordo/discordo"

Desafiei Rich a tratar a questão de uma nova maneira. Trata-se de uma forma de abordagem que ajudou muitos casais a viver bem num mundo em que errar é próprio da natureza humana. Eu a chamo de "concordo/discordo". Eu *concordo* que tenho o direito de me sentir magoado, com raiva, decepcionado, frustrado ou qualquer outra coisa. Não tenho como escolher meus sentimentos; só posso vivê-los. No entanto, *discordo* da ideia de que, por causa desses sentimentos, tenho o direito de magoar os outros com minhas palavras ou meu comportamento. Fazer meu cônjuge sofrer por que ele fez o mesmo comigo é como declarar guerra civil — uma guerra da qual ninguém sai vencedor. Portanto, farei o possível para expressar minhas emoções de tal maneira que não cause sofrimento a meu cônjuge e abra espaço para a reconciliação. Trabalhamos juntos num texto que Rich deveria entregar à esposa com esse objetivo. Chegamos a essa declaração:

> Querida, amo muito você e Ethan. Mais que qualquer coisa, quero ser bom marido e bom pai. Talvez queira tanto isso porque não tive um relacionamento tão íntimo com meu pai, e via minha família brigando o tempo todo. Assim, quero compartilhar algo que me dói por dentro, e peço que você me ajude a encontrar uma solução. Quando ouvi você dizer, na noite passada: "Seu filho nem vai reconhecê-lo se você não passar mais tempo com ele", senti como se tivesse levado uma punhalada no coração. Na verdade, fui para o escritório e chorei porque aquela era a última coisa no mundo que eu queria que acontecesse. Você pode me ajudar a reorganizar minha agenda de tal maneira que eu seja capaz de dedicar tempo relevante a Ethan sem deixar de trabalhar e sustentar nosso lar?

Eu disse a Rich que tinha certeza de uma reação positiva da parte de Joy a essa iniciativa. Ele concordou.

Então comentei:

— Trabalho com pessoas há muito tempo, por isso sei que o simples fato de ter um plano novo não é suficiente para determinar o fim dos velhos problemas. Há alguma chance de, nas próximas semanas, você voltar ao antigo hábito de dirigir palavras rudes a Joy como reação aos comentários que ela faz. Não que você tenha a intenção de fazê-lo, mas porque acontece involuntariamente. É nessas horas que pedir perdão se torna tão necessário. Acho que você concorda que gritar com a esposa não tem nada de gentil, amável, carinhoso ou positivo. — Rich balançou a cabeça, concordando. — Além disso, está errado.

Lembrei a ele que o Novo Testamento exorta o marido a amar e cuidar de sua esposa, bem como a suprir as necessidades dela, da mesma maneira que Cristo fez pela Igreja (Ef 5.25-33).

— Gritar com a esposa não faz parte da fórmula para um casamento bem-sucedido — continuei. Rich concordou novamente. — Portanto, quero que você aprenda a dizer estas palavras: "Perdi o controle ontem à noite. Gritei com você e disse coisas muito pesadas. Errei. Não foi nada carinhoso, nada amável e nada gentil de minha parte fazer aquilo. Sei que a magoei demais e sinto muito, pois não é essa minha intenção. E quero pedir que você me perdoe. Sei que errei".

Ele escreveu tudo em seu *smartphone*. Oramos juntos e pedimos a ajuda de Deus. Rich faria o possível para colocar em prática aquela nova maneira de lidar com a mágoa e a raiva. Foi uma sessão bem pesada, mas senti que ele estava abrindo o coração à possibilidade de mudança.

O desafio de Joy: perdoar

Minha sessão com Joy foi mais complicada — não que ela se recusasse a melhorar o casamento, mas porque achava quase impossível entender como um homem era capaz de ser tão rude com a esposa na hora da raiva e, ainda assim, a amar de verdade. Para ela, as duas coisas eram incompatíveis. Ou seja, Joy já havia chegado ao ponto de questionar o amor do marido.

Manifestei minha solidariedade com a angústia pela qual ela passava, mas tentei ajudá-la a compreender que ninguém é capaz de amar com perfeição. Sim, de fato quem ama de verdade nunca deve magoar a pessoa amada, mas nenhum de nós consegue alcançar esse ideal por uma razão muito simples: somos imperfeitos. A Bíblia deixa isso muito claro: somos todos pecadores (Rm 3.23). É por essa razão que devemos aprender a confessar nossos pecados a Deus e à pessoa contra quem pecamos (1Jo 1.8-10). Os bons casamentos não dependem de se alcançar a perfeição, e sim da disposição de admitir os erros e pedir perdão.

Nenhum de nós consegue amar com perfeição por uma razão muito simples: somos imperfeitos.

Em tese, Joy tinha tudo para concordar com o que eu estava dizendo. Fora criada na igreja e conhecia bem essas verdades bíblicas. Mas a dor emocional que sentia por causa das palavras rudes de Rich tornava difícil para ela abir o coração para perdoá-lo. "Principalmente por que ele nunca pede desculpas", afirmou. Concordei com Joy. Pedir desculpas era uma das partes integrantes do processo de perdão e reconciliação. Perguntei o que esperava ouvir como um autêntico pedido de desculpas.

— Quero que seja sincero — respondeu. — Não basta ele chegar e dizer: "Sinto muito por ter magoado você". Quero que admita que errou comigo. Isso é que me magoa mais. Como ele consegue fingir que não aconteceu nada e nunca pedir perdão? Como não consegue perceber que é errado gritar com outra pessoa?

Durante a meia hora seguinte, Joy e eu conversamos sobre a relação que há entre a mágoa e a autoestima. Tentei explicar o histórico emocional familiar de Rich e por que os comentários que ela fazia, sugerindo que o marido não era um bom pai, o magoavam tanto. Podiam até ser verdade (pelo menos na concepção de Joy), mas, para ele, funcionavam como bombas verbais que explodiam dentro da alma. A reação natural de Rich era contra-atacar, o mesmo que via a mãe fazer com frequência.

— Mas, se fomos criados a partir desse modelo, será que conseguimos mudar? — ela me perguntou.

— Essa é a parte mais maravilhosa da natureza humana — respondi. — Somos todos capazes de mudar, especialmente quando pedimos ajuda a Deus. Acredito que Rich é sincero, e que está começando a entender um pouco mais sobre si mesmo. Também acho que você verá mudanças significativas no futuro.

— Espero que sim — disse Joy. — Eu o amo muito e quero que nosso casamento dê certo. Sei que a coisa está complicada, mas espero que não seja tarde demais.

Terminamos a sessão falando sobre como Joy deveria manifestar de maneira mais positiva suas preocupações em relação ao tempo que Rich passava com Ethan. Assim, a autoestima do marido não seria tão abalada. Expliquei que, agindo assim, as sugestões que ela apresentasse a Rich provavelmente não seriam mais interpretadas com cobranças. Uma sugestão ou um pedido é bem diferente de uma exigência. Refletimos também sobre aquilo que ela poderia pedir a Rich. Aqui está parte da lista que elaboramos:

- "Dá para você brincar um pouco com Ethan enquanto eu termino de fazer a comida?"
- "Vamos caminhar os três juntos depois do jantar?"
- "Dá para ler uma historinha para Ethan enquanto arrumo as coisas para o banho dele?"

- "Você poderia brincar mais tarde com Ethan no quintal por alguns minutos?"

Percebi que Joy assimilava melhor a ideia de fazer pedidos específicos do que as reclamações generalizadas. Então, eu a desafiei:

— Não mais do que um pedido por semana, está bem? E quando ele brincar com Ethan, sempre elogie a iniciativa. Diga como está orgulhosa de Rich como pai de seu filho, e como é grata por ele cuidar do menino enquanto você cuida da comida. Não permita que nada passe despercebido, nem deixe de incentivar. Como Rich deseja muito ser bom pai, as palavras de incentivo fortalecerão a autoestima dele. Assim, os dois estarão contribuindo para um ambiente emocional positivo no lar.

As quatro sessões seguintes com Rich e Joy foram tão produtivas quanto as três primeiras. Era empolgante vê-los descobrindo coisas novas um a respeito do outro, reconhecendo os erros que cometiam antes e desenvolvendo novas formas de reação. Rich aprendeu a admitir seu erro quando falava rispidamente com Joy. Ela, por sua vez, aprendeu a dizer: "Errei. Sinto muito por tê-lo magoado" quando vacilava e fazia um comentário negativo sobre as habilidades do marido como pai.

Ficou evidente, ao longo do processo de aconselhamento, que a linguagem do perdão primordial de Rich era a manifestação de arrependimento, o "sinto muito". Quando a esposa dizia essas palavras, ele a perdoava na mesma hora. Quanto a Joy, sua linguagem do perdão primordial era a aceitação da responsabilidade, o "errei". Para ela, era muito importante sentir que Rich tinha noção de que cometia um erro ao usar palavras rudes. O casamento dos dois avançou muito quando ela aprendeu a manifestar arrependimento verdadeiro e ele aprendeu a assumir a responsabilidade por seus atos. E ambos aprenderam a verbalizar aquilo que os angustiava.

O poder do "eu errei"

Para muita gente, a parte mais importante do processo do perdão é quando a pessoa admite que seu comportamento é errado. Linda, que vive em Seattle, me disse o seguinte: "Meu marido nunca admite quando faz alguma coisa errada. Ele só joga o problema para baixo do tapete e não quer mais saber de tocar no assunto. Se volto a falar do que aconteceu, ele diz: 'Nem lembro mais o que fiz. Por que você não consegue esquecer?'. Se ele reconhecesse os erros, eu me disporia a perdoá-lo. Mas quando age como se não tivesse feito nada, é muito difícil deixar passar".

Com lágrimas nos olhos, ela completou: "Queria tanto que ele assumisse que errou pelo menos uma vez na vida".

Alyssa tem 27 anos. Quando criança, aprendeu com o pai que uma pessoa sábia está sempre disposta a aceitar a responsabilidade pelos próprios atos. "Nunca vou esquecer o que ele dizia: 'Todo mundo comete erros, mas aqueles que não reconhecemos são justamente os que nos destroem'. Lembro quando era mais jovem e saía da linha. Ele me olhava e perguntava: 'Há alguma coisa que gostaria de dizer?'. Depois sorria, e então eu respondia: 'Fiz uma coisa errada. Você me perdoa?'. Aí meu pai me dava um grande abraço e dizia: 'Está perdoada'. A capacidade de reconhecer erros faz parte de minha personalidade, e devo isso a meu pai".

Cinco anos antes de me falar sobre isso, Alyssa se casara com Robert, a quem descrevia como "o homem mais honesto que já conheci". Ela foi além: "Não quero dizer que seja um sujeito perfeito, mas está o tempo todo pronto a admitir quando erra. Acho que é por isso que o amo tanto. Ele sempre está disposto a dizer: 'Fiz uma coisa errada. Você me perdoa?'. Gosto de gente que assume a responsabilidade pelos próprios atos".

Michael, um rapaz solteiro de 24 anos, nunca ouviu o pai pedir desculpas a sua mãe ou a ele. Aos 18, saiu de casa e nunca mais voltou para visitá-los. "Para mim, meu pai era um hipócrita", explicou. "Na comunidade em que vivíamos, ele era reconhecido como um homem de sucesso, mas na minha cabeça não passava de um hipócrita. Acho que foi por isso que sempre fiz questão de admitir meus erros e pedir desculpas. Quero que meus relacionamentos sejam autênticos, e sei que isso não é possível se não estiver disposto a reconhecer quando eu estiver errado."

Para que pessoas como Michael vejam sinceridade num pedido de perdão, é preciso fazer certas declarações como estas:

Declarações de responsabilidade

"Sei que fiz uma coisa errada. Até poderia tentar me justificar, mas não tem desculpa. Em linguagem simples e clara: fui egoísta e errei."

"Cometi um grande erro. Na hora, não pensei muito bem no que estava fazendo. Mas quando olho para trás, percebo que esse foi o maior problema. Gostaria de ter pensado antes de agir. O que fiz foi errado."

"Errei quando falei com você daquele jeito. Fui rude e injusto. Falei com raiva, tentando me justificar. A maneira com que me dirigi a você foi grosseira e cruel. Espero que seja capaz de me perdoar."

"Voltei a cometer um erro sobre o qual já havíamos discutido antes. Compliquei tudo. Sei que a culpa foi minha."

Fale sobre o assunto

Cite algumas das desculpas mais ultrajantes que você ouviu pessoas usarem para se recusarem a admitir um erro. Por que, em sua opinião, essas pessoas tiveram dificuldades para admitir uma atitude errada?

Este capítulo ensina que é comum acreditarmos que admitir um erro é algo visto como fraqueza. Como você se sente ao admitir que estava errado?

Já aconteceu de você acreditar que não havia feito nada de errado, e no entanto alguém esperar que você pedisse perdão? Qual foi sua reação?

4

"Como posso corrigir isso?": Compensação do prejuízo

Era uma daquelas histórias edificantes que você lê no jornal ou assiste na televisão na época do Natal. Na cidade de Youngstown, Ohio, um ladrão pegara dinheiro de um daqueles caldeirões vermelhos que o Exército de Salvação usa para recolher donativos. Na verdade, o criminoso, aparentemente vestido com uma jaqueta do Exército de Salvação, fora embora com o dinheiro e o próprio caldeirão num momento em que a pessoa que toca o sino descansava um pouco.

Mas o que poderia ter sido uma triste história de "roubar dos pobres" transformou-se em algo bastante reconfortante dois dias depois, quando alguém, de maneira anônima, deixou 130 dólares e um bilhete de desculpas no escritório do Exército de Salvação. "Aqui está o dinheiro que peguei, com um pouco mais para um novo caldeirão e um sino... Por favor, perdoem-me".[1]

O malfeitor não identificado não apenas pediu desculpas como fez a restituição, realizando um esforço notável para corrigir o erro que havia cometido.

Em contrapartida, as famílias das vítimas do tiroteio no cinema da cidade de Aurora, Colorado, sentiram-se ofendidas pela tentativa da rede de cinemas de "corrigir as coisas" oferecendo ingressos para a reabertura do cinema. Uma carta enviada à Cinemark, rede de cinemas em questão, acusava a empresa de ser "cega para com nossa angústia". Caren e Tom

Tewes, cujo filho Alexander morrera no tiroteio, disseram que seria mais apropriado à Cinemark destinar uma porcentagem de seus lucros para as vítimas e suas famílias. "Perdemos tudo", disse Caren Tewes.[2]

A ideia de "corrigir as coisas" para compensar um erro está embutida na psique humana, de nosso sistema judicial ao âmbito dos relacionamentos familiares. Se Jacob, irmão mais novo de Sophia, pega o brinquedo favorito dela, mamãe ou papai fazem com que ele o devolva. Se um criminoso rouba de alguém, um juiz ordena que ele faça algum tipo de restituição à sua vítima. Em vez de apenas passar um tempo na prisão, o criminoso precisa se esforçar para compensar o erro que cometeu.

"Espero que ele tente reparar o erro que cometeu"

O *Dicionário Houaiss da língua portuguesa* define "restituição" como "devolução de algo a quem realmente pertence" ou "ato de repor na condição anterior; restauração". No livro *Since Nobody's Perfect... How Good Is Good Enough?* [Já que ninguém é perfeito... qual é a medida do bem?], Andy Stanley afirma: "A disposição de fazer alguma coisa para compensar a dor que causamos é uma evidência de que estamos arrependidos. Uma voz dentro de nós insiste: 'Preciso fazer algo para me redimir pelo que causei'".[3]

Everett Worthington Jr., professor de psicologia da Virginia Commonwealth University e líder em pesquisas sobre o perdão, chama essa tentativa de se redimir de "equilíbrio".

> Equilíbrio é a compensação da perda imposta à outra pessoa. Oferecer a restituição é uma forma de equilibrar a balança da

justiça. Qualquer sofrimento ou ofensa impõe algum tipo de perda à vítima. Ela pode sofrer um prejuízo em sua autoestima, no respeito próprio ou mesmo em relação a algum benefício tangível (como, por exemplo, a pessoa ser ofendida na frente do chefe e, com isso, perder uma oportunidade de ganhar uma promoção). Assim, é positiva a atitude do transgressor que toma a iniciativa de compensar a perda que causou.[4]

Para alguns, a restituição é a linguagem do perdão primordial. São pessoas para quem a declaração: "Não acho certo tratar você daquela maneira que tratei" deve ser acompanhada da proposta: "O que posso fazer para demonstrar que continuo me importando com seu bem-estar?". Sem esse esforço de restituir, a pessoa prejudicada questionará a sinceridade do pedido de desculpas. Ela continuará tendo dúvidas sobre o amor daquele que a ofendeu, por mais que ele diga: "Sinto muito, errei com você". A parte ofendida espera por algum tipo de garantia de que continua sendo amada de verdade.

Essa situação era recorrente na pesquisa que realizamos. Com muita frequência, ouvimos declarações como estas:

- "Espero que ele tente reparar o erro que cometeu."
- "Quero que ela demonstre sinceridade do fundo do coração na hora de pedir desculpas, assim como desejo que se prontifique a reparar o erro cometido."
- "Quero que ele se redima da maneira apropriada. Um simples pedido de desculpas não faz uma mágoa desaparecer sem mais nem menos."

A partir daí, a questão passa a ser: qual é maneira mais eficaz de reparar o erro? Considerando que o principal num processo de restituição é oferecer ao cônjuge ou ao membro da família as garantias de que ainda é amado, é fundamental usar a linguagem do amor que ele mais aprecia.

Aprenda as cinco linguagens do amor

Depois de quatro décadas de aconselhamento conjugal e familiar, eu (Gary) estou convencido da existência de cinco linguagens emocionais do amor. Cada pessoa tem uma delas como primordial. Se você consegue usar a linguagem do amor primordial de seu cônjuge ou membro da família, ele terá certeza absoluta de que é amado, e assim o processo de restituição será bem-sucedido. Contudo, se você não é capaz de usar essa linguagem do amor primordial da outra pessoa, é possível que não consiga obter o perdão, por maiores que sejam seus esforços. Por isso, permita-me relembrar rapidamente as cinco linguagens do amor[5] e ilustrar, com relatos coletados durante minha pesquisa, como o uso da linguagem do amor primordial pode determinar o sucesso no processo de restituição.

Palavras de afirmação

A primeira linguagem do amor se traduz nas *palavras de afirmação*, ou seja, o uso de palavras que afirmem a outra pessoa. "Você está linda com essa roupa", "Gostei muito do que você fez por mim", "Você é tão atencioso", "A cada dia tenho mais certeza de quanto amo você", "Adoro essa comida. Você é uma cozinheira maravilhosa. Sei que dá muito trabalho fazer esse prato, por isso sou muito grato por seu esforço". O uso de palavras de afirmação pode se concentrar na personalidade da pessoa, em seu comportamento, seu jeito de se vestir, suas conquistas pessoais ou sua beleza. O mais importante é que as palavras transmitam o afeto e a gratidão que você sente por ela.

A seguir apresento dois exemplos de pessoas para quem as palavras de afirmação constituem a linguagem do amor primordial, e como o fato de ouvi-las permitiu que seus cônjuges fossem bem-sucedidos no processo de restituição.

Kate tem 29 anos e é casada há seis com Brad: "Sei que o pedido de desculpas dele é sincero toda vez que se arrepende e volta atrás nas palavras duras que usou e quando diz quanto me ama. Às vezes ele até passa da conta de tanto dizer que sou maravilhosa e que sente demais por ter me magoado. Acho que Brad sabe que precisa usar muitas palavras positivas para compensar as coisas rudes que me disse antes".

Tim conversou comigo no intervalo de um de meus seminários sobre casamento. Falamos sobre formas de pedir perdão, e ele contou o seguinte a respeito da esposa: "Ela quase sempre se sai bem na hora de pedir desculpas. É a maior especialista nisso que conheço".

Fiquei impressionado, ouvindo atentamente a explicação que ele deu: "Ela geralmente diz alguma coisa do tipo: 'Tim, sinto muito por ter feito determinada coisa. Você é tão maravilhoso, e estou muito triste por tê-lo magoado. Será que pode me perdoar, por favor?'. Em seguida, me dá um abraço. Sempre funciona. Quando ela diz que sou maravilhoso, é aí que me ganha. Nunca deixei de perdoá-la porque sei que é sempre sincera. Todo mundo comete erros. Não acho que seja perfeita, mas, com certeza, é muito bom ouvi-la dizer que sou maravilhoso antes de me pedir que a perdoe".

Para Tim, palavras de afirmação são a linguagem do amor primordial. Elas também constituem a parte que ele mais aprecia num pedido de desculpas. É tudo de que ele precisa em termos de restituição.

Atos de serviço

A segunda linguagem do amor é manifestada em *atos de serviço*. Essa linguagem do amor se baseia num antigo axioma: "Ações falam mais alto que palavras". Para pessoas assim, o amor se manifesta em atos de gentileza e apreço. Passar o aspirador no chão, trocar a fralda do bebê, limpar o para-brisa do carro e preparar o café pela manhã são alguns exemplos de atos de serviço.

Quando Gwen foi ao meu consultório, estava visivelmente aflita. "Estou cansada", disse ela. "Não aguento mais os pedidos de perdão dele. 'Sinto muito, sinto muito, sinto muito.' É só isso que ele sabe dizer. Deve achar que isso é suficiente para resolver todos os problemas. Quer saber? Eu é que sinto muito, mas quando ele grita, faz escândalo e me xinga, não resolve nada. O que quero saber é o seguinte: ele ainda me ama ou quer acabar com nosso casamento? Se me ama, então por que não faz nada para me ajudar a manter a casa em ordem? Estou cansada de viver com um homem que senta na frente da televisão enquanto eu faço a comida e lavo toda a louça. Também trabalho fora. Ele nem mesmo mantém a grama do quintal aparada. Como consegue dizer que me ama e não fazer nada para demonstrar? Ações falam mais alto que palavras."

"Como consegue dizer que me ama e não fazer nada para demonstrar?"

Não há dúvida de que a linguagem do amor primordial de Gwen são os atos de serviço, e o marido não a estava utilizando. Por causa disso, os pedidos de perdão que ele dirigia à esposa não funcionavam. Ela não conseguia conceber que ele estivesse sendo sincero na hora de pedir desculpas porque não demonstrava, por meio de atos, que a amava.

Passei algum tempo conversando com Gwen e expliquei o conceito das cinco linguagens do amor. Disse que, em minha opinião, o marido não tinha a menor ideia de qual dessas linguagens funcionava melhor com ela. Da mesma forma, Gwen provavelmente não sabia qual era a linguagem do amor primordial de seu marido. Cerca de três meses depois, ambos haviam descoberto (e já sabiam usar) a linguagem do amor primordial um do outro. O casamento também voltou à trilha certa. Mark, o marido, percebeu que um pedido verbal de desculpas nem sempre era suficiente para ela. Havia necessidade de algum tipo de restituição — a reafirmação do amor que ele sentia pela esposa —, o que deveria ser expressado em atos de serviço. Não costumo conversar com Mark com frequência, mas toda vez que o faço ele sempre me agradece pelas dicas relacionadas ao amor e ao perdão que, segundo ele, salvaram seu casamento.

Ao fim de cada um de meus seminários sobre casamento, sempre convido o marido a tomar as mãos da esposa nas suas, olhar fundo nos olhos dela e repetir comigo as seguintes palavras: "Sei que não sou um marido perfeito. Espero que você me perdoe pelos erros que já cometi. Quero, com toda a sinceridade, ser um marido melhor, e neste momento estou pedindo que você me mostre como fazer isso". Em seguida, peço às esposas que repitam as mesmas palavras para os maridos. Uma delas, incapaz de dizer essas palavras ao cônjuge, revelou mais tarde, num dos questionários que utilizamos para fazer a pesquisa, que não conseguia se lembrar de um momento sequer em que o marido tivesse conseguido pedir desculpas sinceras durante os treze anos que estavam casados. Ela acrescentou: "Minha maior esperança era que ele o fizesse no fim de sua conferência. Não consegui repetir as mesmas palavras naquele momento, mas naquela noite ele passou a me ajudar com as crianças e com o jantar. Eu sabia que alguma coisa havia mudado. Torço para que ele tenha descoberto que os atos de serviço constituem minha linguagem do amor".

A certa altura, ela admitiu suas dúvidas e continuou: "Sei que, se tivesse mesmo certeza de que ele me ama, estaria disposta a perdoá-lo por todos os erros que cometeu no passado. Mais que qualquer coisa, quero que meu marido me ame". O sucesso dos pedidos de perdão daquele homem passou a depender apenas de uma coisa: era preciso compensar os erros do passado, oferecendo à esposa garantias de que ainda a amava, e teria de fazê-lo utilizando a linguagem de amor primordial dela.

O mesmo princípio pode ser aplicado no caso das amizades. Ben era um engenheiro urbano muito charmoso e inteligente. Ele se envolveu em determinado conflito com Steve, outro engenheiro que participava do mesmo grupo de trabalho. A princípio, Ben e Steve achavam que tinham muita coisa em comum, por isso adoravam aproveitar a hora do almoço para falar sobre os interesses que compartilhavam em assuntos como golfe e política. Certo dia, de brincadeira, Steve usou o computador do escritório de Ben, que estava fora. Fingindo ser o colega, enviou uma mensagem eletrônica para os seis componentes do grupo de trabalho, convidando-os a ir à casa de Ben para participar de uma festinha de fim de ano: "Não precisam levar nada — só a presença de vocês é suficiente!". No dia seguinte, outro colega de serviço alertou Ben sobre o falso convite. Em vez de se divertir com a brincadeira, ele ficou furioso e se sentiu traído.

Ao ser abordado por Ben, Steve logo percebeu que a piada não havia sido bem recebida pelo colega, e tratou de se desculpar com a maior siceridade. No entanto, antes que Ben pudesse aceitar o pedido de perdão, era necessário que Steve consertasse o estrago que fizera. Por insistência de Ben, Steve enviou outra mensagem às mesmas pessoas do grupo de trabalho, esclarecendo que tudo não passava de brincadeira. Aos olhos de Ben, aquela atitude foi uma demonstração de que Steve admitia a gravidade do problema que havia criado e estava disposto a colocar as coisas nos devidos lugares. A amizade dos dois foi renovada. Se Steve não mostrasse nenhum interesse em tomar aquela atitude, Ben poderia considerar o pedido de perdão incompleto. Isso provavelmente acabaria de vez com o relacionamento entre os dois.

Presentes

A terceira linguagem do amor está relacionada aos *presentes*. Dar e receber presentes é uma expressão de afeto universal. Os antropólogos já estudaram grupos étnicos de milhares de culturas em todo o mundo, e jamais descobriram alguma em que o presente não fosse uma expressão de amor. Quando se dá um presente, a pessoa que o recebe pensa da seguinte maneira: "Ele estava pensando em mim. Veja só o que me comprou".

Presentes não precisam ser caros. Você já deve ter se cansado de ouvir dizer que "o que vale é a intenção", não é? Ainda assim, o que chega às mãos da pessoa presenteada não é a intenção de seu coração, e sim o presente propriamente dito, resultado dessa intenção.

Desde pequenas, as crianças estão acostumadas a pegar flores no quintal de alguma casa ou no parque para ofertá-las como expressão de amor pelas mães. Casais também podem fazer a mesma coisa, embora eu sugira evitar flores colhidas na rua. Mesmo sendo adultos, não precisam gastar dinheiro demais: não tendo um canteiro em casa, tente falar com os vizinhos e pedir a eles que cedam algumas flores. Eles não negarão.

Para algumas pessoas, receber presentes é a linguagem do amor primordial. Se este é o caso de alguma pessoa a quem você ofendeu ou causou prejuízo, e se a sua intenção é reparar o erro cometido, então dar um presente pode ser um método eficaz de compensação.

Bethany acha que o marido é sincero quando lhe pede desculpas, pois ele sabe falar a linguagem de amor que ela entende melhor: "Ele pede desculpas. Aí, no fim do mesmo dia, me traz uma flor para compensar aquilo que fez e que me magoou. Não sei por que, mas a rosa parece me transmitir sinceridade da parte dele. Por isso, eu o perdoo". Perguntei-lhe quantas rosas ela havia recebido durante esses anos todos. "Dúzias", ela respondeu, "mas toda vez que recebo uma, é como se ele dissesse que me ama."

Susan, mãe de um menino que sofria de leucemia e, por isso, era hospitalizado com frequência, tentava compreender o nervosismo do marido. "Ele descontava boa parte do sofrimento e da raiva que sentia em mim, mas eu deixava passar porque compreendia o que ele estava sentindo. Um dia, de maneira totalmente inesperada, ele entrou no quarto do hospital com flores e um cartão. Pediu desculpas por descarregar seu estresse em mim. Foi um dos momentos de maior ternura em nosso casamento. Ele percebeu, por conta própria, que estava me fazendo sofrer e tomou a iniciativa de pedir perdão. Para mim, as flores e o cartão confirmavam essa intenção. Eu sabia que ele estava sendo sincero."

O marido de Susan não apenas pediu desculpas, como também ofereceu uma reparação ao usar a linguagem do amor que mais mobilizava a esposa, ou seja, *presentes*.

Tempo de qualidade

A quarta linguagem do amor é a dedicação de *tempo de qualidade*. Dar atenção total a alguém é o mesmo que dizer: "Você é muito importante para mim". Tempo de qualidade significa não dar espaço a distrações. A televisão fica desligada, e a revista fica sobre a mesa, fechada, junto com o livro. Nesse momento, não é hora de se preocupar com o pagamento das contas nem de ficar com a cara grudada na tela do computador. O objetivo é dedicar atenção total à pessoa que se ama. Se dedico vinte minutos com qualidade de tempo à minha esposa, significa que entreguei a ela vinte minutos de minha vida, e ela fez o mesmo por mim. Trata-se de uma maneira poderosa de transmitir amor.

Para algumas pessoas, essa é a linguagem do amor primordial. Nada transmite o amor com maior intensidade do que a dedicação de tempo de qualidade. Períodos como esses nem precisam incluir a programação de grandes atividades ou projetos juntos; podem se resumir a conversas longas entre duas pessoas. Para aqueles a quem essa linguagem do amor fala mais alto, tempo de qualidade é uma ótima maneira de receber compensação por um erro cometido.

Mary, que vive em St. Louis, lembra-se de um pedido de desculpas convincente que recebeu numa tarde de domingo, depois de assistir a uma conferência sobre casamento. Ela e o marido almoçaram juntos e estavam descansando quando ele tomou uma iniciativa importante: "Phil olhou para mim e disse que sentia muito pela maneira como vinha me tratando. Ele estava muito triste, e nós nem sequer estávamos nos falando direito".

Mary continua: "Phil olhou em meus olhos, segurando minhas mãos, e me agradeceu por ter feito a inscrição para participarmos daquela conferência. Contou que aquilo que havia acabado de ouvir abrira sua mente e o despertara para a importância de ser o marido que deveria ter sido em nossos cinco anos de casamento. Só de ver a alegria e o arrependimento sincero em seus olhos, fiquei convencida de que estava sendo sincero. O fato de separar um tempo para conversar comigo e pedir desculpas por suas atitudes da semana anterior era mais do que eu podia imaginar. Antigamente, toda vez que ele tentava se desculpar, dizia 'sinto muito' e ficava só nisso. Era como colocar sal na salada, uma coisa que se faz automaticamente. Mas naquele dia foi diferente. Eu sabia que Phil estava sendo sincero, por isso o perdoei sem reservas".

Phil estava usando a linguagem do amor mais apropriada com Mary, que é tempo de qualidade, e isso fez toda a diferença.

Não é preciso segurar as mãos da outra pessoa, mas é fundamental dedicar atenção total a ela na hora de pedir desculpas. Se a parte ofendida se sente amada quando recebe esse cuidado exclusivo, então só a dedicação de tempo de qualidade a convencerá de que o pedido de perdão é sincero. Concentrar toda a atenção na pessoa na hora de se desculpar é um tipo de reparação suficiente e profunda, pois transmite a ela esta mensagem: "Eu amo você".

Toque físico

A quinta linguagem do amor é o *toque físico*. Sabemos, há bastante tempo, do poder emocional que o contato físico possui. É por isso que pegamos bebês no colo para abraçá-los e acariciá-los. Bem antes que eles compreendam o que significa a palavra "amor", já se sentem amados por causa do toque físico. O mesmo acontece com os adultos. Dar as mãos, beijar, abraçar, colocar o braço em volta do ombro, dar um tapinha nas costas ou passar as mãos pelos cabelos de outra pessoa são expressões da linguagem do toque físico. Não estamos falando apenas de marido e mulher: o contato físico é adequado para todos os membros da família, inclusive mães e filhos, pais e filhas. Para certas pessoas, esse contato físico é a linguagem do amor primordial. Nada transmite mais amor a elas que um toque positivo. Sem esse contato, acharão que o pedido de desculpas não é sincero.

Dave e seu filho de dez anos, Jake, começaram a discutir. No calor da raiva, Dave acusou o menino de ser preguiçoso e irresponsável. Jake começou a chorar até perder o controle. Dave sabia que usara palavras duras demais com o filho.

"Jake, eu sinto muito", disse ele. "Perdi a paciência. O que eu falei é errado. Você não é preguiçoso nem irresponsável. É um menino de dez anos que adora brincar e aproveitar a vida. Eu deveria ter sido mais atencioso na hora de pedir a você que parasse de jogar para fazer aquilo que lhe pedi. Eu o amo muito, e fico chateado por saber que você ficou tão triste."

Então Dave caminhou na direção de Jake e deu um abraço bem apertado no filho. Jake continuava soluçando, só que dessa vez seu choro era de alívio. Quando o menino conseguiu se controlar novamente, o pai o olhou nos olhos e disse:

"Eu amo você demais". Jake respondeu: "Eu também amo você, papai". Em seguida, deu um abraço no pai. O pedido de desculpas de Dave foi eficaz porque ele ofereceu compensação usando a linguagem do amor primordial do filho, que é toque físico.

Fizemos a seguinte pergunta a Judson, de Minneapolis, que estava casado havia quinze anos:

— O que você espera que sua esposa faça quando ela lhe pede desculpas?

— Quero que ela entenda que sua atitude me magoou muito — ele respondeu —, que diga que sente muito pelo que fez e que me peça perdão. Depois disso, é importante que ela me abrace. Só então o pedido de desculpas estará completo.

"Depois do perdão, é importante que ela me abrace. Só então o pedido de desculpas estará completo."

Judson deixou bem claro que ele considera a restituição parte importante do processo de perdão, e o toque físico é a linguagem do amor que ele compreende melhor. Com o abraço, ele acredita que ela esteja compensando o erro cometido. Sem esse contato físico, fica faltando algo que ele considera muito importante no processo de pedido de perdão.

A explicação que Marti deu a respeito do que seria um pedido de desculpas bem-sucedido indicava quão valioso era para ela o toque físico: "Meu marido fez um comentário muito infeliz sobre mim na frente de nossos três filhos. Na hora, reagi, mas ele tentava justificar as palavras que havia usado. Alguns dias depois, quando estávamos todos sentados à mesa, ele ficou de pé atrás de mim, colocou as mãos sobre meus ombros e disse, na frente das crianças, que aquilo que tinha feito estava errado, que ele sentia muito pelo ocorrido e que estava admitindo seu erro diante de mim e de todas as pessoas que haviam testemunhado o fato".

Em seguida, Marti explicou: "Aquele pedido de desculpas funcionou por quatro motivos. Primeiro, porque ele assumiu o erro; segundo, porque o toque de suas mãos sobre meus ombros ajudou a curar a mágoa; terceiro, porque ele pediu perdão na frente de todas as pessoas envolvidas no episódio, ensinando uma lição importante para as crianças, o que me fez gostar ainda mais dele; e quarto, porque minha imagem diante da família foi restaurada".

As palavras eram importantes, mas foi o contato físico positivo que "ajudou a curar a mágoa" e deu a Marti a garantia de que o marido a amava.

Se toque físico é a linguagem do amor primordial de uma pessoa a quem preciso pedir desculpas por algum erro cometido, então eu transmito melhor essa mensagem de compensação pelo prejuízo que causei quando utilizo esse contato de maneira positiva. As palavras nem sempre são suficientes. Nesses casos, é o toque físico que promove a reparação dos danos provocados.

Compensar e restaurar

A restituição geralmente vai além da manifestação de amor por meio de uma das cinco linguagens. Ela pode demandar a *reposição* ou a *restauração* daquilo que foi tirado da pessoa, como os danos provocados em um carro, um relógio quebrado ou mesmo uma reputação comprometida. Lembre-se: a imagem de Marti foi restaurada quando o marido reconheceu, diante de toda a família, que o comentário infeliz que fizera arranhou a reputação da esposa. O desejo de reparar o prejuízo causado por um erro cometido é parte natural do pedido de perdão, desde que haja sinceridade nessa iniciativa.

O cobrador de impostos

Há uma história fascinante registrada na Bíblia e que está relacionada com a vida de Jesus. O grande Mestre estava passando pela cidade de Jericó, e sua fama o precedia. Naquele lugar morava um cobrador de impostos chamado Zaqueu. Cobradores de impostos não eram pessoas muito populares entre os judeus daquela época porque costumavam impor taxas exorbitantes em nome do governo de Roma, guardando parte da arrecadação para si e obtendo grande lucro. Zaqueu queria ver e ouvir Jesus, o profeta sobre o qual todos estavam falando.

Sendo um sujeito baixinho, Zaqueu elaborou uma estratégia inteligente. Ele planejava subir numa árvore e, do alto, assistir à passagem de Jesus lá embaixo. Daquela posição, poderia ver e ouvir o Mestre sem que a multidão o notasse. Contudo, quando Jesus se aproximou da árvore, olhou para cima e falou a Zaqueu: "Desça daí, pois quero jantar em sua casa esta noite". Zaqueu ficou surpreso e muito impressionado com aquilo. Ele compreendeu que estava diante de um homem que sabia tudo a respeito de seu estilo de vida egoísta e, mesmo assim, estava disposto a estabelecer um relacionamento.

Na mesma hora, Zaqueu pediu perdão pela maneira como agira durante tantos anos. Em seguida, disse que pretendia oferecer compensações financeiras a todos quantos havia explorado. Na verdade, prometeu reembolsar essas pessoas numa proporção de quatro vezes o que havia cobrado injustamente. Jesus intrepretou essa iniciativa como sinal de confissão sincera, e chegou a citar Zaqueu como exemplo de atitude ética diante do erro cometido (Lc 19.1-10).

Um pedido sincero de perdão deve ser acompanhado do desejo de reparar os erros cometidos, compensar os prejuízos causados e dar à pessoa prejudicada a certeza de que você se importa com ela. Caso não tenha certeza do que essa pessoa considera uma restituição apropriada, faça a ela uma das perguntas a seguir:

Declarações de restituição

"Há alguma coisa que eu possa fazer para compensar o erro que cometi?"

"Sei da mágoa profunda que lhe causei, e sinto que devo fazer alguma coisa para reparar esse erro. Que sugestão você me dá?"

"Não acho que dizer 'sinto muito' seja suficiente. Quero oferecer alguma compensação pelo que fiz. O que você considera apropriado?"

"Sei que lhe causei um grande inconveniente. Será que posso oferecer parte do meu tempo para ajudar a resolver esse problema?"

"Eu me arrependo por ter maculado sua reputação. Uma retratação (pública) seria a solução?"

"Já quebrei um milhão de vezes essa promessa. Você gostaria que, desta vez, eu colocasse a garantia de meu compromisso no papel?"

Fale sobre o assunto

Qual é sua opinião sobre tribunais oferecerem grandes somas de dinheiro como reparação por danos? O que você considera uma quantia excessiva?

Este capítulo sugere que uma voz dentro de nós clama para que aqueles que nos causaram danos paguem por seus atos. Isso é verdade em sua vida? Você já sentiu a necessidade de que outra pessoa "pagasse" pela ofensa que cometeu contra você?

Falar a linguagem do amor de alguém é fundamental para tornar bem-sucedida a restituição. Das cinco linguagens do amor (palavras de afirmação, atos de serviço, presentes, tempo de qualidade e toque físico), qual é a mais importante para você? Por quê?

5
"Quero mudar": Arrependimento genuíno

Seja a versão impressa sobre a mesa da cozinha, com uma xícara de café ao lado, seja a versão *on-line* no escritório, esperamos que nosso jornal diário nos diga a verdade. Imagine, portanto, o choque de alguns moradores de Cape Cod, Massachusetts, quando leram na primeira página do *Cape Cod Times* um pedido de desculpas do editor. Um repórter de longa data estava simplesmente inventando histórias e um editor de olhar aguçado desconfiou. Bancos de dados foram pesquisados, fontes foram contatadas. Conclusão: as pessoas das histórias não existiam e os eventos descritos nunca aconteceram.

Assim, o editor admitiu o erro: "Como permitimos que isso acontecesse? É uma pergunta que não podemos responder de maneira satisfatória [...]. Devemos aprender com essa lição dolorosa e tomar medidas para impedir que isso volte a acontecer". Ele então passou a esboçar exatamente quais seriam essas medidas.[1]

Em contrapartida, muitos casais se identificam com a esposa que lamentou: "Sempre discutimos pelos mesmos motivos. Acho que isso acontece com a maioria dos casais. O que mais me chateia não é o erro em si, mas a *repetição* desse erro. Ele sempre pede desculpas, promete que não vai fazer mais. Mas aí... comete o mesmo erro, seja deixar a luz do banheiro ligada à toa, seja me aborrecer com seu mau-humor. Não quero saber mais de pedidos de desculpas. Só quero que ele pare de fazer as coisas que me aborrecem, de uma vez por todas!".

Essa mulher quer que seu marido se arrependa.

A palavra "arrependimento" significa "voltar atrás" ou "mudar de atitude". Pode ser exemplificada pela pessoa que está caminhando na direção oeste e, de repente, por uma razão qualquer, dá uma volta de 180 graus e começa a andar no sentido leste. No contexto de um pedido de perdão, isso equivale a alguém perceber que está se comportando de maneira nociva, sentir remorso por causar algum tipo de sofrimento ou prejuízo a outra pessoa e fazer a opção por uma mudança de atitude.

Quem se arrepende não se limita a dizer: "Sinto muito, errei. Como posso compensar você pelo prejuízo?". Em vez disso, diz: "Vou me esforçar para não fazer isso de novo". Algumas pessoas só se convencem da sinceridade de um pedido de desculpas quando aquele que errou manifesta arrependimento. Só assim são capazes de perdoar.

Sem arrependimento genuíno, as outras linguagens do amor podem não surtir efeito. Que pessoa magoada faria uma pergunta do tipo: "Você quer mesmo mudar ou isso vai acontecer de novo na semana que vem?" Em nossa pesquisa, apresentamos a seguinte questão: "O que você espera de um pedido de perdão?". Ouvimos respostas recorrentes, como as que apresentamos a seguir:

Que pessoa magoada faria uma pergunta do tipo: "Você quer mesmo mudar ou isso vai acontecer de novo na semana que vem?"

- "Uma demonstração de que a pessoa está disposta a mudar e agir de maneira diferente da próxima vez."

- "Espero que ela descubra como fazer para não permitir que o erro volte a acontecer."
- "Quero que ela mostre que está se esforçando para melhorar, que apresente um bom plano de ação."
- "Espero que ele não faça nenhum escândalo alguns minutos depois, e que não volte a incorrer no mesmo erro."

Esses e outros depoimentos parecidos revelam que, para muita gente, o arrependimento está no centro de todo pedido de perdão sincero.

Começa no coração

Como, então, se fala a linguagem do arrependimento? *Começa com a demonstração do desejo de mudar.* Todo arrependimento sincero tem início no coração. Reconhecemos que fizemos alguma coisa errada e que nossa atitude magoou a pessoa amada. Não desejamos continuar com aquele comportamento; consequentemente, decidimos mudar, com a ajuda de Deus. Em seguida, verbalizamos essa decisão à pessoa a quem magoamos. A opção pela mudança é justamente o indicativo de que não estamos mais tentando justificar nosso erro. Deixamos de minimizar os resultados de nosso comportamento e aceitamos responsabilidade total por nossas atitudes. Quando a intenção de mudar é verbalizada à parte ofendida, ela compreende o que se passa no íntimo daquele que está tentando se desculpar. Ela tem um vislumbre do que há no coração da pessoa arrependida, e essa é, geralmente, a linguagem que a convence da sinceridade do pedido de perdão.

Abby tem 27 anos. Ela considera o marido, Jeff, uma pessoa que sabe pedir desculpas quando necessário. Perguntei a ela o que a faz pensar que ele está sendo sincero quando pede perdão.

"Bem, ele é muito honesto", ela respondeu. "O que mais gosto é de ouvi-lo dizer que fará o possível para não repetir o erro. Para mim, isso é muito importante. Não quero apenas palavras; quero ver mudanças de verdade. Quando ele sinaliza a intenção de mudar, estou sempre pronta para perdoá-lo."

Jim, de 40 anos, explicou o que espera de um pedido de desculpas: "Espero que a pessoa se aproxime e converse comigo frente a frente, e não por telefone. Quero que me diga que errou e que se esforçará para mudar, evitando que aquilo se repita. Espero que seja realista e me diga que precisará trabalhar para que essa mudança se realize, e que por isso eu terei de ser paciente com ela".

Há quem resista à ideia de expressar verbalmente a intenção de mudar por medo de fracassar nessa tentativa. "Isso não tornaria as coisas muito piores?", alguém me perguntou certa vez. De fato, mudanças de comportamento levam tempo, e é possível que, no meio do processo, haja alguma recaída. (Falaremos sobre isso mais adiante.) Mas essas falhas não podem servir de empecilho para que alcancemos o objetivo final, que é o de promover mudanças positivas e genuínas.

A questão mais importante é a seguinte: o que acontece quando a pessoa não consegue verbalizar sua intenção de mudar? Talvez a sua filosofia de vida seja: "Só preciso me preocupar em mudar o que for necessário; não preciso falar nada". O problema com essa forma de abordar a questão é que a parte ofendida não tem como ler seus pensamentos e, portanto, não tem a menor ideia de que em seu coração você tomou a decisão de promover mudanças pessoais. Pode ser que leve semanas ou meses até que comecem a reparar naquilo que mudou em sua vida; ainda assim, não terão como saber o que motivou você a fazer isso. Na hora de pedir perdão, é muito melhor deixar bem clara sua intenção de mudar. Dessa forma, a pessoa ofendida saberá que você reconhece o erro que cometeu e pretende agir de maneira diferente daquele momento em diante.

Na hora de pedir perdão, é muito melhor deixar bem clara sua intenção de mudar.

Não há problema nenhum em dizer a essa pessoa que ela deve ter um pouco de paciência porque você sabe que não é capaz de mudar totalmente de uma só vez, apesar de sua intenção sincera de não repetir o comportamento que motivou a mágoa. Com isso, ela perceberá seu desejo e acreditará na honestidade de seu pedido de desculpas, e assim será capaz de perdoar você antes mesmo que todas as mudanças aconteçam.

"Pedirei desculpas, mas não vou mudar"

Nick é um sujeito brincalhão por natureza. Alegre, estava sempre fazendo um comentário engraçado sobre alguma coisa. O problema é que muitas de suas piadas eram de gosto duvidoso e causavam constrangimento à esposa, Teresa. Ele se defendia: "Espere um pouco, não são piadas sujas. Pelo contrário, todo mundo entende com facilidade. Por isso é que as pessoas riem tanto". Contudo, Teresa não achava graça, e essa história das piadas se tornou um problema no casamento.

Nick estava disposto a dizer: "Sinto muito se a ofendi. Minha intenção não era magoá-la". O que ele não queria era admitir o erro nem se comprometer a mudar o tipo de piadas que contava.

Em meu consultório, ele usou o seguinte argumento a seu favor: "Ninguém além dela acha minhas piadas de mau gosto". Bastou pesquisar um pouco para descobrir que essa declaração não correspondia à verdade. Muitas pessoas, principalmente as mulheres do escritório em que ele trabalhava, achavam as brincadeiras ofensivas; só não tinham coragem de tomar a iniciativa e abrir o jogo.

Algumas semanas depois, quando revelei essa informação, ele começou a mudar de opinião. No entanto, não deveria ser esse o motivo de Nick se arrepender de seu comportamento. O fato de que seu jeito de ser magoava a esposa e criava uma enorme barreira emocional entre os dois deveria ser suficiente para promover mudanças na vida daquele homem. Na verdade, era a falta de disposição de se arrepender que levara o casamento às raias do divórcio. Quando Nick percebeu que suas duas únicas alternativas eram mudar ou ver o casamento ruir de vez, passou a demonstrar disposição de rever seu comportamento.

O conceito segundo o qual só precisamos promover mudanças pessoais quando estamos fazendo alguma coisa moralmente errada é um equívoco. Num casamento saudável, não é raro cometermos erros que nada têm a ver com questões morais, mas estão diretamente relacionados com o compromisso de manter a harmonia conjugal. Por exemplo, eu não gosto de passar aspirador no chão, mas faço isso com frequência. Eu me arrependi de minha insensibilidade diante das necessidades de Karolyn quando descobri que a linguagem do amor primordial na vida de minha esposa eram os atos de serviço. Passar o aspirador é uma espécie de dialeto especial que ela adora ouvir.

A questão do aspirador não tem nada a ver com valores morais. No entanto, trata-se de uma questão *conjugal*, e pode fazer grande diferença na hora de transmitir uma mensagem de amor ao cônjuge. Prefiro muito mais viver com uma mulher cujas reservas de amor estejam sempre bem abastecidas. Por causa disso, meu arrependimento era um preço muito pequeno, se comparado com o privilégio de viver ao lado de uma esposa feliz.

Além das palavras: mudança real

O segundo passo na estrada do arrependimento é desenvolver um plano de mudanças. Muitos pedidos de desculpas não são suficientes para restaurar o relacionamento porque falta um plano para promover mudanças positivas. Jan e Tom celebraram há pouco tempo as bodas de prata, mas ela reconhece que o casamento não foi lá essas coisas ao longo de um quarto de século de união. "Ele tem problemas com a bebida. Está sempre se desculpando pelo jeito como me trata quando está bêbado, mas ambos sabemos que não passa de conversa fiada. Na hora em que pede perdão, até fala com sinceridade, mas suas palavras não representam um compromisso sério, pois ele não coloca em ação um projeto pessoal de mudança."

Inscrever-se num centro de tratamento contra o vício da bebida é um plano de ação que poderia mudar radicalmente o estilo de vida daquele homem e o próprio casamento. No entanto, até aquele momento, Tom não havia demonstrado interesse em formular um projeto de mudança, por isso continuava seguindo por aquele caminho antigo e previsível.

"Ele é um homem muito bom, não quero perdê-lo"

Conversei com Rick e Rita em Nova Orleans, depois de ministrar uma palestra sobre as cinco linguagens do amor. Ele falou primeiro: "Estamos passando por problemas em nosso casamento". Rick explicou que, depois de ler *As 5 linguagens do amor*, um ano antes, percebera que as linguagens com as quais mais se identificava eram toque físico e tempo de qualidade. Contou isso a Rita e pensou que, se ela aprendesse a usar essas linguagens, isso poderia ajudá-los no casamento. Ele continuou a relatar seu caso, tendo a esposa ao lado.

— Na época, eu não me sentia amado. Rita ficava o tempo todo com a mãe e com as amigas. Parecia que era mais casada com elas do que comigo. Foi então que ela me disse que sentia muito, que não desejava me magoar, que me amava e faria um esforço para usar as linguagens do amor mais apropriadas a mim. Só que não passou de promessas. Nada mudou até agora. Foi como se nem mesmo tivéssemos conversado. Já se passou um ano, e ainda não me sinto amado. Sinto como se ela não se importasse comigo ou com nosso casamento.

Olhei para Rita, que estava bem perto de mim.

— Eu amo meu marido, de verdade — ela disse. — O problema é que não fui criada numa família que apreciasse muito o contato físico, por isso é tão difícil para mim. Gosto de ficar com ele, mas acontece que trabalho em tempo integral, minha mãe é uma pessoa muito espaçosa e também gosto de bater papo com as amigas pelo menos uma noite por semana. Quando percebo, não sobrou tempo para mais nada.

— Diga-me com sinceridade: você gostaria de ver seu casamento melhorar? — perguntei a ela.

— Sim, gostaria. Ele é um homem muito bom, não quero perdê-lo.

Nos cinco minutos seguintes, elaborei um plano de ação para ela, segundo o qual Rita aprenderia a usar a linguagem do amor do contato físico. Em seguida, falei de algumas ideias relacionadas à dedicação de tempo de qualidade. Desafiei Rita a sentar para conversar com Rick por quinze minutos nas noites de segunda, quarta e sexta, quando falariam sobre o dia que tiveram. Disse a ela que pensasse em outras maneiras de usar a linguagem do tempo de qualidade e pedi que voltasse a ler aquele capítulo do livro.

Foi uma conversa rápida, da qual teria me esquecido, não fosse a carta que recebi seis meses depois. Nela, Rick dizia:

> Dr. Chapman, não há palavras para agradecer pelo período que o senhor passou conversando comigo e com Rita naquele seminário de Nova Orleans. Fez a maior diferença do mundo. Rita levou seu plano a sério. Tornou-se extremamente fluente no uso de minhas linguagens do amor. Sou um homem feliz, e só queria que o senhor soubesse da diferença que fez em meu casamento.

Rita promoveu as mudanças porque elaborou um plano de ação. Ela já tinha o desejo de suprir as demandas de Rick bem antes, mas não o transformava em realidade até o momento em que resolveu adotar um projeto de mudança pessoal. Esse tipo de planejamento não precisa ser complexo, mas deve ser bem específico.

"Tive receio de ser forçada a proteger meu filho do próprio pai"

Às vezes, a parte ofendida pode ajudar a pessoa que cometeu o erro a elaborar um plano de ação. Quando fazíamos as pesquisas para este livro, eu (Jennifer) dei uma palestra a um pequeno grupo de mulheres sobre as linguagens do perdão. Algumas semanas depois, recebi uma ligação de Carla, uma das senhoras que participaram. Ela me contou esta história:

"Meu marido, Chad, é um pai maravilhoso, mas de vez em quando temos algumas dificuldades. Certa noite, por estar com raiva e contrariado, ele repreendeu de maneira muito severa nosso filho de quatro anos. O menino estava levando Chad ao limite. Meu marido não o machucou, mas foi muito rude e, com isso, assustou o garoto. Fiquei tão perturbada que avisei: se ele voltasse a falar da mesma maneira com algum de nossos filhos, eu sairia de casa".

Carla e o marido haviam concordado que jamais ameaçariam um ao outro com a separação, mas ficou furiosa e triste por causa do comportamento de Chad com o filho. Ela comentou: "Tive receio de ser forçada a proteger meu filho do próprio pai. Disse a Chad que precisava ouvir um pedido de desculpas. Ele disse: 'Sinto muito, mas...'. Aí começou a falar sobre como nosso filho estava se comportando, e que esse teria sido o motivo de sua raiva. Mas eu queria que ele reconhecesse que estava totalmente errado por disciplinar o menino num momento de raiva. Queria que ele visse como assustou tanto a criança quanto a mim". Carla desejava que Chad tivesse um plano de ação que evitasse a repetição daquele episódio.

Os dois trabalharam juntos num plano de ação, e na manhã seguinte Chad pediu desculpas. "Foi tão sincero que me fez chorar. Ele também pediu perdão ao nosso filho. O menino disse a ele: 'Papai, fiquei com muito medo de você'. Aquilo partiu o coração de Chad. Ele perguntou: 'Você pode perdoar o papai?'. E meu filho respondeu: 'Sim'. Então meu marido disse: 'Nunca mais faço isso com você'."

Carla me contou que parte do plano que o casal elaborara consistia no seguinte: se o marido percebesse que estava ficando nervoso com as crianças, ele a procuraria para dizer:

"Eles estão passando da conta. Dá para você cuidar disso?". Então ele daria uma volta pelo quarteirão e voltaria tentando ajudá-la da maneira que pudesse. "Até agora, o plano está funcionando muito bem", disse ela.

Coloque no papel!

O terceiro passo na estrada do arrependimento é elaborar o plano de ação. Um plano que só fica na intenção é como uma semente jamais plantada. Para que o plano funcione, é necessário pensar e agir. Eu (Gary) sempre achei interessante escrever em cartões as mudanças que estou tentando promover e colocar esses cartões no espelho do banheiro, diante do qual faço a barba toda manhã. É uma maneira de manter aquelas coisas sempre frescas na mente. Sinto-me mais propenso a promover as mudanças se estou o tempo todo atento àquilo sobre o que devo agir de maneira diferente.

Pequenas mudanças, grandes diferenças

A esposa de Joel, Joyce, era muito encrenqueira. Era como se tudo que ele dissesse fosse negativo. Ela discordava do marido o tempo todo. Em nossas sessões de aconselhamento, ficou evidente para mim que, para Joyce, o mundo era na base do preto ou branco. Ela tinha a tendência de classificar as coisas apenas como "boas" ou "ruins", "certas" ou "erradas". Por causa disso, quando discordava de alguma ideia de Joel, ele estava sempre "errado". Não levou muito tempo para Joyce compreender a diferença entre as coisas moralmente erradas e as que apenas refletiam outra opinião que não combinava com a dela. Muitas coisas da vida se enquadram nessa segunda categoria. O jeito de limpar a casa ou as preferências no restaurante não constituem problemas de ordem moral. É importante aprender a discordar sem condenar.

É importante aprender a discordar sem condenar.

Outro fato é que as pessoas possuem entendimentos diferentes sobre as coisas que as cercam. Quando Joyce percebeu que seu discurso continha sempre um juízo em relação às coisas que Joel dizia, que ele se sentia profundamente magoado e que aquilo estava comprometendo o casamento, abriu o coração e começou a pensar em formas de mudar seu jeito de ser e se comunicar.

Um dos planos de ação que ela desenvolveu era simples: se discordasse de alguma opinião de Joel, Joyce começaria a discussão aceitando a ideia dele para, em seguida, compartilhar sua opinião. Chegamos a elaborar uma lista com três declarações afirmativas que ela deveria tentar colocar em prática:

1. "Até que essa é uma maneira interessante de ver a questão."
2. "Pode ser que eu goste disso."
3. "Uma das coisas que mais gosto nessa ideia é..."

Na semana seguinte, Joyce admiriu que encontrou muita dificuldade para colocar o plano em prática. "Acho que estou nessa trilha há tanto tempo que ficou difícil promover mudanças imediatas no meu jeito de pensar e falar. Mas lá pelo meio da semana, já estava começando a transição. Na mesma hora percebi que a reação de Joel foi diferente. Acho que fiquei mais animada para continuar trabalhando essa questão depois de ver o sorriso no rosto de meu marido e constatar que ele estava feliz com meu esforço para mudar."

Ela escrevera aquelas três declarações afirmativas num cartão, e as lia várias vezes durante o dia. "O cartão ajudou muito", ela disse. "Eu não tinha ideia de como uma mudança tão pequena faria tamanha diferença no nosso relacionamento conjugal."

O preço de reconstruir

Às vezes, colocar em prática um plano de ação relacionado a mudanças pode exigir alto custo pessoal. Caroline procurou a mim (Jennifer) pedindo aconselhamento, pois precisava de ajuda para lidar com a depressão e o medo da traição. Estava casada com um atleta profissional muito atraente chamado Chris desde que ambos tinham 25 anos. Logo depois do nascimento do primeiro filho, o marido começou a ter um caso. Quando Caroline o confrontou para falar sobre a amante, ele admitiu o erro e disse que gostaria de consertar o estrago que havia causado ao casamento.

Durante a sessão de aconselhamento, Caroline e eu discutimos de que maneira ela poderia trabalhar para restaurar a união com Chris. Para ela, era fundamental que o marido não apenas se desculpasse por ter agido daquela maneira, como também promovesse mudanças no estilo de vida que levava.

No fim das contas, Chris se dispôs a mudar tudo de maneira radical. Deixou o mundo do esporte profissional e começou a trabalhar num escritório como forma de evitar a tentação. Além disso, esforçou-se para recuperar a confiança da esposa, passando a dizer aonde ia e permitindo que ela tivesse acesso à sua agenda de telefones e às mensagens que ele recebia.

Caroline precisava ter a convicção de que as coisas seriam diferentes no futuro, e Chris fez várias concessões para tentar recuperar a confiança da esposa. Ela o perdoou, e cinco anos depois, o casamento se tornou muito sólido.

Julia e Hope eram amigas desde o tempo do ensino médio. Elas decidiram morar juntas quando começaram a cursar a universidade. Até então, a amizade sempre fora tranquila e muito próxima. Na faculdade, porém, isso mudou. Julia era muito social e vivia cheia de compromissos e atividades. Hope, por sua vez, era mais introvertida. Por isso, ressentia-se de a amiga não passar mais tempo com ela no alojamento que compartilhavam. Julia percebeu que Hope raramente saía, a não ser para assistir às aulas. Por isso, convidou a amiga para participar de uma atividade semanal com outras pessoas, bem como acompanhá-la quando ia ao ginásio. Hope sempre recusava antes mesmo que Julia terminasse de fazer o convite. Mesmo assim, ficava cada vez mais melindrada pelo fato de a amiga ter uma vida social muito mais intensa.

Certa noite, todo o ressentimento de Hope veio à tona. Num acesso de raiva, acusou Julia de ser uma amiga e colega de quarto fria, egoísta e terrível, que não se importava com mais ninguém e nunca tinha tempo para as pessoas que a amavam. Julia ficou muito magoada com aquele desabafo, e as duas ficaram sem se falar por alguns dias. A seu favor, Hope percebeu que havia sido injusta quando culpou a amiga por sua solidão, e pediu perdão pelas palavras duras que usara.

Julia queria aceitar as desculpas de Hope, nem que fosse em nome da harmonia entre as duas companheiras de alojamento. Mas ficava pensando: "Hope falou tudo isso agora. E se continuar agindo dessa maneira?". Para Julia, só era possível aceitar o pedido de desculpas sem receio caso Hope se prontificasse a traçar um plano de ação para mudar o comportamento. As duas conversaram e concordaram que era necessário tomar algumas iniciativas preventivas: Hope participaria do mesmo círculo de amizades de Julia ou formaria seu próprio grupo; se uma delas começasse a sentir algum tipo de ressentimento em relação à outra, conversariam sobre o assunto antes que o sentimento se transformasse em raiva; e, por fim, planejaram fazer algumas coisas bem divertidas juntas, como nos velhos tempos.

E se fracassarmos?

O simples fato de trabalharmos num plano de transformações positivas não significa necessariamente que seremos bem-sucedidos logo de cara. Por mais sinceros que sejam nossos esforços, é natural que cometamos erros no caminho. Esses pequenos fracassos não devem ser motivo de desânimo.

Becky e Josh são casados há quatro anos. Ela credita esse tempo de união a algo que aconteceu nos primeiros meses do casamento. "Estávamos casados havia nove meses. Josh perdeu o emprego, que representava metade de nossa renda. Entrou em depressão, pois ficou mais nove meses e meio sem arranjar outro trabalho. Nesse período, ameaçou me abandonar. Sabia que Josh estava deprimido, por isso tentei não culpá-lo por aquela atitude, mas fiquei muito magoada. Depois ele me pediu desculpas pelas ameaças que fez. Disse que sabia ser uma ideia ridícula e sentia muito por aquilo tudo. Disse que tentaria nunca mais repetir aquele erro."

Becky continua: "Por cerca de um mês, ele se saiu muito bem. Até que, certo dia, no calor da raiva, ele disse: 'Não sou tão bom assim para você, é melhor eu sair de casa'. Fiquei extremamente insegura, e disse a ele que estava magoada demais com tudo que estava acontecendo. No dia seguinte, novo pedido de desculpas. Josh dizia que estava muito deprimido e desanimado, e que a culpa não era minha. Pediu-me que orasse por ele e se comprometeu a nunca mais falar em me deixar".

Então, conclui: "Já faz uns três anos que ele não toca mais nesse tipo de assunto. Na verdade, agora tem um bom emprego e estamos indo muito bem. Fico feliz por não o ter abandonado quando ele passou por aquela fase de depressão".

"Fico feliz por não o ter abandonado quando ele passou por aquela fase de depressão."

É bem melhor quando a pessoa é capaz de reconhecer seu erro o mais rápido possível, de preferência antes de a parte ofendida procurá-la para tirar satisfações. Um pedido de desculpas rápido é uma indicação de que você está sendo sincero em seu esforço para mudar. Uma mulher disse: "Estou bem consciente de minha tendência a ser crítica em relação à minha filha casada de vinte e poucos anos, especialmente quando se trata do cuidado com a casa. Sou louca por limpeza, e ela não é. Foi meu marido quem me chamou a atenção pelo fato de eu entrar na casa dela e apontar alguma bagunça, ou de começar a arrumar as coisas. Fora isso, temos um relacionamento muito bom e próximo, e fico perturbada quando brigamos. Pedi perdão e prometi melhorar, mas mais de uma vez já me peguei dizendo 'por que você não...' e em seguida parando e declarando 'não, eu NÃO vou implicar'. Isso também é conhecido como 'morder a língua'!".

Em contrapartida, quando deixamos de reconhecer as falhas que cometemos, a mensagem que transmitimos é a de que não fomos tão sinceros no momento de pedir perdão. Por causa da vergonha e do constrangimento, geralmente deixamos de admitir nossos fracassos, mas é muito melhor fazê-lo por antecipação.

Erga-se e tente de novo

Quando, em meio aos esforços empreendidos para promover mudanças pessoais, nós "saímos do trilho", devemos admitir nossa falha quanto antes. Erga-se e tente de novo. Esta é uma das razões pelas quais os Alcoólicos Anônimos são tão eficientes na ajuda que oferecem às pessoas para que superem a dependência da bebida. Um dos doze passos dos AA é: "Admitimos perante Deus, perante nós mesmos e perante outro ser humano a natureza exata de nossas falhas".[2] Reconhecer o erro e confessá-lo diante de Deus e de pessoas confiáveis requer humildade e sinceridade, mas também abre espaço para um novo começo.

Tempos atrás, eu estava brincando com minha netinha. Ela tentava construir uma estrutura com bloquinhos de Lego. A certa altura, tudo caía. Minha netinha ficava aborrecida ao ver que o processo não estava funcionando, por isso eu disse a ela:

— Deixe-me dizer uma coisa que minha mãe ensinou: "Se você não conseguir da primeira vez, continue tentando sem cansar". Entende o que isso quer dizer?

Ela balançou a cabeça afirmativamente e continuou a trabalhar em seu projeto. Mais tarde, ainda naquele dia, eu tentei abrir um pote de vidro, mas estava bastante difícil. Minha neta olhou para mim e disse:

— Se você não conseguir da primeira vez, continue tentando sem cansar.

Ri muito junto com ela. Tentei mais uma vez, agora com sucesso. Era muito importante a lição que havíamos aprendido.

Thomas Edison fracassou muitas vezes antes de inventar a lâmpada incandescente. Babe Ruth, um dos maiores jogadores de beisebol dos Estados Unidos, errou muito mais bolas do que rebateu. Há um sem número de histórias de escritores e atores famosos que labutaram na obscuridade por anos, rejeitados por editoras e negligenciados para papeis em filmes, antes de encontrarem a fama. O problema é que as pessoas costumam desistir quando estão bem perto do sucesso. Os velhos padrões de comportamento demoram muito para desaparecer, mas só conseguimos ser bem-sucedidos se trabalhamos continuamente nas mudanças pessoais.

Pedir à pessoa ofendida ou prejudicada que ajude você a elaborar esse plano de ação é, possivelmente, a melhor e mais eficaz maneira de demonstrar arrependimento. Você pode se valer de declarações como estas a seguir:

Declarações de arrependimento sincero

"Sei que meu comportamento tem causado muito sofrimento a você. Não quero voltar a agir dessa maneira. Meu coração está aberto para todo tipo de sugestão que você puder oferecer para que eu seja capaz de mudar meu comportamento."

"Como posso dizer as coisas que digo de uma forma diferente para que não lhe pareçam críticas?"

"Sei que meu jeito de agir não ajuda nada. Que tipo de mudanças você gostaria de ver em mim e que tornariam as coisas melhores para nosso relacionamento?"

"Eu quero mudar de verdade. Sei que não vou chegar à perfeição, mas quero muito tentar mudar esse meu comportamento. Você estaria disposto a me ajudar, chamando minha atenção quando eu tiver uma recaída? É só dizer: 'Errou'. Acho que isso me ajudará a parar e tomar outro rumo."

"Eu a entristeci, pois voltei a cometer o mesmo erro. O que preciso fazer para recuperar sua confiança?"

"Esse comportamento é algo que está em mim há muito tempo. Vou tentar mudar, mas sei que será difícil. É possível que eu fracasse de vez em quando, e isso pode lhe causar algum sofrimento. Eu ficaria muito grata se você me ajudasse a pensar em uma maneira de garantir que as mudanças sejam permanentes e me incentivasse ao me ver fazendo coisas que ajudem nesse processo. Posso contar com você para ser meu companheiro nessa jornada?"

Fale sobre o assunto

Cite algumas diferenças que você já notou entre homens e mulheres quando pedem perdão. Em sua opinião, de onde vêm essas diferenças?

Este capítulo define o arrependimento como "voltar atrás" ou "mudar de atitude". Que outras definições de arrependimento você conhece? O que acha da ideia de arrependimento que inclui o conceito de "tentarei não fazer isso de novo"?

Fale sobre uma ocasião em que você quis que seu cônjuge (ou outra pessoa próxima) não apenas pedisse perdão, mas também mudasse seu comportamento. O que aconteceu?

6
“Será que lá no fundo...”: Pedido de perdão

Eu (Jennifer) lembro que, há alguns anos, minha mãe trabalhava num escritório muito agradável de Chicago. Ela se dava bem com todas as colegas de serviço. No entanto, em determinada tarde, uma delas disse que estava muito chateada pelo fato de minha mãe “nunca pedir perdão”.

Minha mãe hesitou, mas depois lembrou-se de um incidente no qual havia cometido um erro que prejudicou aquela pessoa que a criticara. “Achava que tinha pedido perdão na mesma hora”, ela me contou, “que tinha assumido a responsabilidade e que tinha me desculpado pelo inconveniente que causei. Com o maior cuidado, perguntei o que aquela pessoa queria ouvir de mim.”

— Bem, você nunca me pediu que a perdoasse — disse a colega de trabalho.

— Pode ter certeza de que eu gostaria de receber seu perdão, pois valorizo nosso relacionamento. Por isso, pergunto agora: você pode me perdoar, por favor?

— Claro que sim.

As duas começaram a rir, e tudo voltou ao normal entre elas, pois minha mãe havia aprendido a linguagem do perdão daquela mulher.

“Sei que você tem um caso”

Quando Jennifer me contou sobre a conversa que teve com

a mãe, imediatamente me lembrei de um casal que eu havia aconselhado muitos anos antes. Angie e Martin estavam casados fazia nove anos quando ela descobriu que ele tinha um caso com uma mulher do escritório em que trabalhava. Ela o procurou para esclarecer a situação. "Sei que você tem um caso com Anna. Tenho testemunhas, por isso não vale a pena tentar negar." Angie colocou Martin diante de uma escolha: ele teria de sair de casa dentro de uma semana ou acabar com o caso e concordar em procurar a ajuda de um conselheiro. "Não dá para ser as duas coisas. Você decide."

Martin saiu de casa. Cerca de uma semana depois, ele voltou e disse que queria ver o casamento restaurado. Também afirmou que estava disposto a acabar com o relacionamento extraconjugal. Depois de algumas semanas do processo de aconselhamento, Angie dizia:

— O que mais me chateia nessa história é que Martin não demonstra nenhum interesse em me pedir desculpas. Ele disse que sente muito, e eu até acredito que o caso tenha chegado ao fim. Se não fosse assim, não estaria me dispondo a tentar salvar nosso casamento. Só que ele não me pede desculpas pelo que aconteceu.

— É como se você estivesse me forçando a dizer essas palavras — comentou Martin.

— Não estou tentando forçar você a fazer nada — ela reagiu —, mas parece que você não está disposto a admitir que agiu errado.

"Mas como poderia perdoá-lo se você não quer pedir desculpas?"

— Eu já disse que errei.

— Então por que não me pede desculpas? — Angie insistiu. — Estou pronta para perdoá-lo. É isso que quero fazer. Mas como poderia perdoá-lo se você não quer pedir desculpas? É como se você achasse que não precisa de perdão porque não fez nada tão ruim assim. Não consigo entender essa lógica.

— Eu sei que errei — disse Martin. — O problema é que é muito difícil pedir desculpas a você.

Ele balançou a cabeça. Com lágrimas nos olhos, Martin continuou:

— Não sei dizer por que é tão difícil pedir desculpas.

Em nossa pesquisa, descobrimos que há muitas Angies no mundo. Quando questionada sobre o que espera de um pedido de perdão, uma em cada cinco pessoas (21%) respondeu: "Espero que ele/ela me peça desculpas".[1] Essas são as palavras mágicas que indicam sinceridade.

Mas por que pedir desculpas é tão importante para algumas pessoas e tão difícil para outras, como Martin?

Por que se desculpar?

Por que motivo é tão importante pedir desculpas a alguém? Aqui estão as respostas que nossa pesquisa revelou.

Em primeiro lugar, pedir desculpas *indica à outra pessoa que você deseja restaurar completamente o relacionamento*. Matt e Kelly eram casados havia quinze anos. Ele diz: "Quando ela me pede desculpas, sei que não quer jogar o problema para baixo do tapete. Ela deseja que nosso relacionamento seja autêntico. Ela pode dizer qualquer coisa durante o processo do perdão, mas sei que, quando chega ao ponto de pedir desculpas, é sinal de que está sendo sincera. É por isso que perdoá-la é muito fácil para mim. Sei que Kelly valoriza nosso relacionamento mais que tudo na vida. Isso me dá enorme satisfação".

Quando ocorre um ato ofensivo ou prejudicial, cria-se imediatamente uma barreira emocional entre duas pessoas. Até que esse obstáculo seja removido, o relacionamento não tem como progredir. Um pedido de perdão é a tentativa de remover tal barreira. Se você descobre que a linguagem do perdão primordial da pessoa é o pedido de desculpas, então está diante da maneira mais óbvia e simples de resolver o problema. Para essa pessoa, isso é um sinal de que você está agindo com sinceridade e deseja ver o relacionamento restaurado.

A segunda razão por que pedir desculpas é tão importante é que essa iniciativa *mostra que você compreende que fez uma coisa errada* — algo ofensivo, mesmo que não tenha sido intencional. Pode ser que aquilo que você disse ou fez não seja moralmente errado. É possível até que tenha agido daquela maneira para brincar com a outra pessoa. Mas acontece que causou uma ofensa ou um prejuízo. Agora essa pessoa ofendida ou prejudicada tem algo contra você. Esse erro cometido criou um espaço entre os dois. Nesse sentido, o que você fez foi errado, e pedir desculpas é a atitude adequada, especialmente se essa for a linguagem do perdão primordial da outra pessoa. Pedir desculpas é uma admissão de culpa. Demonstra que você sabe que merece algum tipo de punição.

Em terceiro lugar, pedir desculpas *sinaliza que você está disposto a colocar o futuro do relacionamento nas mãos da pessoa ofendida*. Você admitiu que errou, demonstrou arrependimento e prontificou-se a reparar os danos. Mas agora está dizendo: "Por favor, me perdoe". Você sabe que não pode dar a resposta no lugar da outra pessoa. Trata-se de uma prerrogativa exclusiva daquele que foi ofendido ou prejudicado: perdoar ou não. E o futuro do relacionamento reside justamente nessa decisão. Com isso, o controle da situação não está mais em nossas mãos — algo que, para algumas pessoas, é muito difícil de conceber.

De que você tem medo?

Pedir desculpas é especialmente difícil para pessoas de temperamento complicado. Lembra-se de como Martin tinha dificuldade para pronunciar as palavras "por favor, me perdoe" diante de Angie? Quando ele preencheu um teste de personalidade, conseguiu uma excelente graduação no quesito "controle". Isso quer dizer que ele se sente pouco à vontade quando não está no comando de determinada situação. Pedir desculpas a Angie era como abrir mão do controle e colocar o futuro do relacionamento nas mãos da esposa. Subconscientemente, isso era difícil demais para ele.

Com o tempo, Martin percebeu que a pessoa saudável é aquela que reconhece os próprios traços de personalidade e os aceita como característica, mas se recusa a ser controlada por eles quando são nocivos ao relacionamento.[2] Por causa disso, ele conseguiu dizer a Angie: "Por favor, me perdoe". Ela reagiu com lágrimas, um abraço e um "sim" definitivo. O relacionamento foi restaurado quando ele usou a linguagem do perdão primordial da esposa.

Muitos de nós temem a rejeição, e essa é outra razão por que é tão difícil pedir desculpas. O medo da rejeição é natural entre os seres humanos. Hamilton Beazley, acadêmico da St. Edward's University em Austin, no estado do Texas, e autor do livro *No Regrets* [Sem arrependimento], afirma: "Pedir desculpas é uma admissão de erro, e ninguém gosta de fazer isso [...]. Isso nos torna vulneráveis, pois estamos pedindo alguma coisa — perdão — que, acreditamos, apenas a outra pode garantir. E pode ser que não recebamos".[3]

Ninguém gosta de ser rejeitado. Para algumas pessoas, porém, trata-se de um sentimento quase insuportável. Elas enfrentam muita dificuldade na hora de pedir desculpas porque sabem que a concessão do perdão depende de outra pessoa que tem a prerrogativa de não querer pedoá-las — o que, em última análise, é uma forma de rejeição.

A solução para essas pessoas é reconhecer esse medo, mas não se deixar controlar por ele. O raciocínio deve ser mais ou menos este: "Sei que morro de medo de ser rejeitado. Também sei que alguma coisa que fiz criou uma dificuldade nesse relacionamento, e o único jeito de resolver esse problema é pedir desculpas com sinceridade. Assim, se o pedido de desculpas é a linguagem do perdão da pessoa que ofendi, confrontarei meus temores e a procurarei para pedir: 'Por favor, me perdoe'". Pessoas maduras reconhecem seus temores, mas se recusam a permitir que eles as mantenham cativas. Quando elas valorizam um relacionamento, dispõem-se a confrontar seus medos e tomar as iniciativas necessárias para resolver todas as dificuldades.

Ninguém gosta de ser rejeitado. Para algumas pessoas, porém, trata-se de um sentimento quase insuportável.

Outro temor que, às vezes, impede que alguém peça desculpas por um erro cometido é o medo do fracasso. Via de regra, essa pessoa possui uma bússola moral muito precisa. Para ela, "consertar um erro" tem relação direta com o sucesso. Ao longo da vida, essa pessoa tenta fazer as coisas certas. Quando consegue, sente-se bem-sucedida. Admitir um erro é, para ela, o equivalente a dizer: "Eu sou um fracasso". O maior temor de alguém assim é fracassar. Assumir um erro no relacionamento é como a admissão de um fracasso. Consequentemente, essa pessoa encontra dificuldade em admitir que está errada. Em geral, ela discutirá muito, tentando convencer a pessoa ofendida de que não fez nada errado, e usará argumentos como este: "Pode ser que você tenha se sentido chateado ou magoado, mas é porque interpretou mal a situação. A minha intenção não era essa".

Às vezes, a maneira de se defender é mais agressiva do que a ofensa que deu início ao problema, mas quem tem medo do fracasso não vê a coisa dessa forma. Prefere dizer: "Só estou tentando fazer você entender a verdade". Esse tipo de pessoa quase nunca pede desculpas. Não foi surpresa nenhuma descobrir, em nossa pesquisa sobre o perdão, que há gente reclamando assim: "Meu cônjuge quase nunca pede perdão". Certa vez, um homem casado disse sobre a esposa: "Ela é muito cabeça-dura para pedir desculpas. Somos casados há dez anos, e ela nunca pediu perdão por coisa nenhuma". Em outra ocasião, uma mulher casada desabafou: "Não sei se é um caso de orgulho masculino, mas ele só me procura para pedir desculpas depois que dou um gelo de uns dois dias. Ele prefere que os dois se sintam mal a admitir que está errado".

Para gente assim, a solução reside em compreender que o medo do fracasso (assim como o medo da rejeição) é um dos mais comuns da humanidade! O primeiro passo é reconhecer esse temor, primeiro para si, dizendo algo assim: "Às vezes, faço e falo coisas que prejudicam meu cônjuge ou algum amigo, e isso provoca um efeito nocivo em nosso relacionamento. A única maneira de compensar e restaurar esse relacionamento é pedindo perdão, por isso preciso aprender a me desculpar, apesar de meus medos. Entendo que cometer um erro, dizer ou fazer algo que prejudica outra pessoa é normal, e que todo mundo faz isso. O fato de errar não signfica que eu seja um fracasso total. Por isso, reconhecer que fiz alguma coisa errada não quer dizer que eu seja uma pessoa fracassada. Na verdade, isso me ajudará a restaurar um relacionamento prejudicado. Assim, vou enfrentar meu medo, assumir meu erro e pedir perdão".

A pessoa que raciocina assim está no caminho certo para aprender a pedir desculpas na hora certa e viver de maneira saudável.

Em uma conferência, Lana nos contou sua história: "Conforme você falava, percebi que meu marido e eu estamos usando linguagens diferentes. Ele sempre diz que sente muito, mas, para mim, isso não vale grande coisa. Preciso que ele me procure e diga: 'Por favor, me perdoe'. Só assim consigo acreditar que ele está assumindo o erro e se desculpando de verdade. Fica muito mais fácil para mim perdoá-lo e deixar o problema para trás. Até a noite de hoje, era como se nunca conseguíssemos terminar uma discussão antes de um magoar o outro. Conversávamos sobre isso e tentávamos pedir desculpas, mas parecia que nunca conseguíamos resolver esse problema. Depois de um tempo, ele dizia: 'Bem, eu disse que sentia muito. Por que você continua aborrecida com isso? Por que não consegue deixar para lá?'. Eu não entendia por que não era capaz de deixar passar. Só sabia que não era muito certo fazer isso. Mas agora consigo!".

Peça, não exija

Há uma diferença enorme entre *pedir* e *exigir* perdão. Uma esposa afirmou: "Ainda consigo ouvir a mesma coisa em minha cabeça, como se fosse um eco. Ouvi isso centenas de vezes durante nossos 25 anos de casamento. Ele insiste: 'Eu disse que sinto muito. O que mais você quer?'. Eu só queria que, pelo menos uma vez, ele olhasse em meus olhos e dissesse: 'Por favor, me perdoe'. Ele exige meu perdão, mas nunca pede desculpas, e jamais muda nada".

Nunca tive a oportunidade de conversar com o marido dessa mulher, mas tinha uma forte suspeita de que ele tinha uma personalidade controladora e um medo tremendo de fracassar. Se fosse possível tratar esses dois traços de personalidade, o relacionamento desse casal não teria terminado como terminou, ou seja, em divórcio.

Não exija perdão. Não é possível fazer isso. Quando exigimos perdão, deixamos de compreender sua natureza. O perdão é, em essência, uma *opção* que se faz pela suspensão de um castigo e pela volta da pessoa que cometeu o erro ao nosso convívio normal. É desconsiderar a ofensa, de maneira que a confiança seja restabelecida. O perdão significa: "Eu prezo nosso relacionamento. Por causa disso, escolho aceitar seu pedido de desculpas e abrir mão de meu direito de exigir justiça". É, fundamentalmente, um presente. Quando passamos a exigi-lo, deixa de ser um presente.

Quando estou na condição daquele que gerou a ofensa e exijo ser perdoado, sou como um monarca que senta no trono para julgar a pessoa prejudicada e a considera culpada de não ter um coração misericordioso. Ela está magoada e zangada por causa do erro que cometi, mas tento fazê-la sentir-se culpada por não me perdoar. Já quando me dirijo àquele que sofreu as consequências de meu erro e digo: "Por favor, me perdoe", a situação se inverte. Passo a ser a pessoa que se curva diante do trono e peço desculpas por ter prejudicado o próximo. Sei que, se ele atender meu pedido, me torno alvo de sua misericórida, seu amor e sua graça. O perdão deve sempre ser pedido, nunca exigido.

Não é pouca coisa

Por favor, comprenda que, quando você pede desculpas, o que está pedindo não é pouca coisa. Conceder o perdão terá um custo alto para a pessoa ofendida ou prejudicada. Para perdoar você, ela terá de abrir mão do desejo de ver a justiça ser feita. Precisará abrir mão do sofrimento e da raiva, bem como do constrangimento e da humilhação pelos quais precisou passar. Deverá superar os sentimentos de rejeição e traição. Em alguns casos, terá de conviver com as consequências do erro que você cometeu.

Essas consequências que demandam perdão podem ser de ordem física, como uma doença sexualmente transmissível, o nascimento de um filho numa relação extraconjugal ou a lembrança de um aborto. Outras podem ter relação com as emoções, entre elas as imagens mentais do rosto transtornado e as lembranças da voz furiosa daquele que errou, ou a memória que se guarda de uma relação ilícita, ou certas palavras ríspidas que não saem da cabeça. A pessoa magoada precisará viver com tudo isso e muito mais, e processar toda essa informação para que então possa perdoar. Quando se pede desculpas, isso não é pouca coisa. Como afirma um antigo provérbio chinês, "quando se curvar, curve-se bem".

Por causa do alto preço do perdão, não espere que a pessoa ofendida desculpe você imediatamente. Caso se trate de uma ofensa leve, e seu pedido de desculpas seja apresentado na linguagem do perdão primordial dessa pessoa prejudicada, então é possível que ela conceda o perdão na mesma hora. Contudo, se o dano foi grande e recorrente, levará tempo para que a parte ofendida processe o pedido de desculpas, principalmente

Não espere que a pessoa ofendida desculpe você imediatamente.

se a linguagem do perdão dessa pessoa for a da restituição ou a do arrependimento. Leva tempo para ver se há necessidade de oferecer alguma restituição ou demonstrar arrependimento genuíno e disposição de mudar o comportamento nocivo. A pessoa prejudicada deve ter convicção quanto à sua sinceridade, o que pode levar tempo.

Enquanto isso, sua maior virtude deve ser a paciência. Certifique-se de que esteja: 1) usando a linguagem do perdão primordial da pessoa ofendida, e 2) fazendo todo o possível para mudar seu comportamento. Buscando com diligência essas duas coisas, há maior probabilidade de que o perdão chegue no momento certo.

Pedir desculpas verbalmente *depois* de fazê-lo usando alguma das outras linguagens do perdão costuma ser a chave que abre as portas para possibilitar o perdão e a reconciliação. Pode ser o único elemento de seu pedido de desculpas que a pessoa prejudicada deseja ouvir. "Por favor, me perdoe" é o ingrediente que a convencerá de sua sinceridade na hora de pedir perdão. Sem o pedido de desculpas, qualquer declaração do tipo: "Sinto muito, errei com você. Compensarei seu prejuízo e nunca mais repetirei esse erro" pode soar como um comentário superficial, inventado como forma de jogar o problema para baixo do tapete sem tentar resolvê-lo de fato.

Aqui estão algumas declarações que podem ajudar você a usar a linguagem do perdão relacionada ao *pedido de desculpas*:

Declarações de pedido de desculpas

"Sinto muito pela maneira como tratei você. Sei que falei muito alto e usei palavras rudes. Você não merecia isso. Foi um erro grande de minha parte, e quero pedir desculpas."

"Sei que causei mágoa profunda em seu coração. Você tem todo o direito de nunca mais falar comigo, mas, com sinceridade, sinto muito mesmo pelo que fiz. E espero que você encontre forças em seu coração para me perdoar."

"Não tive a intenção de magoar você, mas é claro que foi isso que fiz. Percebo agora, e vejo que minhas atitudes estavam erradas, embora meu intuito fosse apenas de me divertir. Acontece que se divertir às custas do sofrimento do outro é errado. Prometo a você que tentarei nunca mais fazer isso. E também quero, por favor, pedir que me perdoe."

Fale sobre o assunto

Você já achou que havia pedido perdão por uma situação e depois descobriu que a outra pessoa não sentiu que você tivesse se desculpado? Que atitude complementar você tomou naquela situação?

Você já precisou perdoar ou pedir perdão? Como se sentiu?

Como podemos aprender a oferecer perdão mesmo quando a outra pessoa não está disposta a pedi-lo ou é incapaz de fazê-lo?

7
Como você pede perdão?

Agora é sua vez.

Ao longo dos capítulos anteriores, você reconheceu seu cônjuge, seus filhos, seus amigos, ou mesmo a si mesmo em algum dos exemplos? Sei que eu (Jennifer) tenho, graças a essa pesquisa, uma compreensão bem mais profunda de meu marido. J. T. é um sujeito bem racional, bastante acostumado a debater os assuntos. Para ele, o rigor é de importância fundamental. Há pouco tempo, percebi que meus pedidos de desculpas deveriam incluir uma declaração do tipo "errei". Assim, ele conseguia ouvir e compreender melhor meu remorso pelo erro cometido. Meu marido precisa ter certeza de que aceitei a responsabilidade pelo ato. Já para mim, os sentimentos ocupam lugar central em termos de importância. Preciso que J. T. demonstre arrependimento. Só assim consigo crer que ele está preocupado com meus sentimentos. Quero ouvi-lo dizer: "Sinto muito". Então, quando tínhamos treze anos de casamento, finalmente aprendemos a diminuir a duração de nossas discussões. Para isso, usamos não apenas as linguagens pessoais do perdão, mas também aquela que fala mais alto ao coração do outro.

O que aprendemos em nosso casamento é algo que Gary e eu descobrimos ser uma realidade na maioria dos casamentos: maridos e esposas raramente compartilham a mesma linguagem do perdão primordial. Como consequência, os pedidos de desculpas costumam gerar mais resistência que perdão.

Ao analisar os dados coletados em nossa pesquisa sobre o perdão, procurei fazer um levantamento sobre a frequência com que casais compartilham a mesma linguagem primordial. Descobri que, em exatos 75% dos casos, maridos e mulheres possuem linguagens *diferentes*. Também foi impressionante constatar que, dentro dessa maioria, 15% dos casais lidavam com uma situação curiosa: a linguagem do perdão primordial de um era exatamente a *menos importante* para o outro! Nossa pesquisa indica que, se alguém faz um pedido de desculpas ao cônjuge igual ao que mais gostaria que receber, não conseguirá chegar ao resultado desejado antes da terceira tentativa, em média. Se esse levantamento for um reflexo preciso da realidade, isso quer dizer que três em cada quatro casais precisam aprender a usar uma linguagem do perdão diferente daquela que mais gostam de ouvir!

Descobri que, em exatos 75% dos casos, maridos e mulheres possuem linguagens *diferentes*.

Pergunte a si mesmo...

Eis algumas questões que ajudarão você a identificar sua linguagem do perdão.

Primeira pergunta: "O que espero que a pessoa faça ou diga?"

Randy e Beth me procuraram no consultório por causa de uma discussão longa que tiveram, relacionada ao fato de ele ter esquecido a data do aniversário de casamento e, por isso, não ter planejado nada de especial para comemorar. Depois de ouvir os dois por algum tempo, perguntei a Beth:

— O que Randy teria de dizer para que você se sentisse em condições de perdoá-lo?

— Quero que ele diga que sente muito — ela respondeu. — Acho que ele não entende quão magoada fiquei com o que aconteceu. Quero que ele reconheça que errou. Como ele foi capaz de esquecer? E também seria ótimo se ele tentasse planejar alguma coisa para compensar o que fez, algo que ele imaginasse sem eu ter de pedir.

— Você mencionou três coisas — interferi. — Primeiro, quer que ele diga que sente muito por ter esquecido a data de aniversário do casamento. Segundo, deseja que ele admita que errou. Finalmente, gostaria que ele fizesse alguma coisa que compensasse o erro que cometeu para fazer as pazes. Se você só pudesse escolher *uma* das três coisas, qual seria sua opção?

— Mais que qualquer outra coisa, o que mais quero é que ele saiba que aquilo me magoou muito. Não acredito que ele tenha essa noção. Essas datas especiais são mais importantes para mim do que para meu marido.

Ficou muito claro para mim que a linguagem do perdão primordial de Beth era a manifestação de arrependimento. Ela queria ouvir Randy dizer: "Percebo que a magoei demais. Sei que a comemoração pela passagem do aniversário de nosso casamento é muito importante para você. Não consigo entender como fui me esquecer dessa data. Sinto muito mesmo". Em seguida, se ele dissesse que gostaria de fazer as pazes com a esposa, seria como colocar a cereja em cima do bolo, e assim daria início, de fato, ao processo de perdão no coração e na mente de Beth.

Segunda pergunta: "O que mais magoa nessa situação?"

Essa pergunta é especialmente útil se a pessoa que cometeu

o erro ainda não pediu desculpas ou, se o fez, não foi convincente. Kevin tinha ficado muito magoado com o irmão mais velho, Greg. Sempre tiveram um relacionamento muito próximo e se consideravam não apenas bons irmãos, mas também ótimos amigos. Seis meses antes, Greg recebeu uma dica financeira de um dos colegas de trabalho e fez um ótimo investimento que deu muito lucro em pouco tempo. Feliz da vida, ele procurou Kevin para contar a novidade e, para sua surpresa, o irmão ficou muito zangado:

— Não consigo acreditar que você não tenha me dado a mesma dica! — reclamou Kevin. — Quer dizer, nós somos irmãos. Por que você não passou para mim a mesma informação que seu colega lhe passou?

— Eu não sabia que você tinha interesse naquele investimento — defendeu-se Greg.

— Como assim "não sabia" que eu tinha intesse em investir? Qualquer um investiria num negócio bom como esse!

A conversa foi de mal a pior, e acabou numa briga que manteve os irmãos afastados um do outro por três semanas. Foi então que Greg procurou Kevin e tentou pedir desculpas. Acontece que a reação do irmão a essa iniciativa não foi das melhores. Até começaram a se ver e participar de atividades juntos, mas o relacionamento não era o mesmo de antes.

Encontrei-os por acaso durante uma partida de beisebol. Ao me verem, eles foram falar comigo sobre o problema. Perguntei a Kevin:

— O que mais magoa você nesta situação?

— Acho que é o fato de Greg não admitir que cometeu um erro. Como pode uma pessoa não chamar o irmão para participar de um ótimo negócio? Ele disse que sente muito, mas não reconhece que errou comigo. É isso que me magoa mais.

Olhei para Greg, que afirmou:

— Não vejo isso que aconteceu como um erro de minha parte. Ao pensar na situação, sinto muito mesmo por não ter avisado Kevin sobre o bom negócio, mas minha intenção não era magoá-lo. Sendo bem sincero, eu não sabia que ele teria interesse em fazer aquele investimento. Não foi intencional, de verdade.

Continuamos a conversar e ajudei Greg a perceber que, ainda que a ofensa não seja intencional — por exemplo, se ele desse um encontrão acidental num colega de trabalho e derramasse café sobre ele —, ainda seria necessário um pedido de desculpas e talvez Greg se dispusesse até a limpar a camisa do colega. Eu disse:

— Então, embora não fosse intencional, você ainda assim assumiria a responsabilidade por suas ações, admitindo que deveria ter prestado mais atenção no caminho, e procuraria maneiras de compensar o erro.

— Sim — respondeu Greg —, pois é evidente que fui eu o responsável pelo café ser derrubado.

Fiz uma pequena pausa e, em seguida, disse:

— O café caiu na camisa de Kevin, mesmo que essa não tenha sido sua intenção.

— Entendi — ele disse. — Eu devia ter prestado atenção no caminho por onde estava andando no dia que recebi a dica de investimento. Assim, teria compartilhado aquela informação com meu irmão, pois eu o amo. É por isso que não estou gostando do clima das últimas três semanas.

Fiquei olhando para os dois irmãos dentro do campo de beisebol. Greg olhou para Kevin e disse:

— Amo você, cara, e deveria ter me lembrado de você no dia que recebi aquela dica. Vou vender as ações e lhe dar a metade dos lucros.

— Ei, você não precisa fazer isso — respondeu o irmão. — Você já fez o que precisava. Está perdoado.

Os dois se abraçaram, e fiquei feliz por ter ido ao jogo naquele dia.

Se eu não tivesse perguntado a Kevin o que o magoava mais naquela situação, nunca teria imaginado que sua linguagem do perdão primordial era ver a pessoa que o prejudicou assumir a responsabilidade pelo erro cometido. Também não saberia como orientar Greg na hora de pedir desculpas com sinceridade. Greg não precisava dizer: "Eu errei". A única coisa que precisava fazer era aceitar a responsabilidade pelo erro cometido, dizendo: "Eu deveria ter me lembrado de você no dia que recebi aquela dica". Era isso que Kevin precisava ouvir para aceitar a sinceridade do pedido de desculpas do irmão.

Mais tarde, descobri que Greg vendeu mesmo as ações e deu metade do que lucrou ao irmão. Essa atitude foi a cereja em cima do bolo. Nem teria sido necessário, mas serviu para selar o pedido de desculpas e consolidar o processo de cura no relacionamento entre os dois.

Terceira pergunta: "Qual é a linguagem mais importante na hora de pedir desculpas?"

Em geral, a linguagem do perdão que alguém usa em relação aos outros é provavelmente a mesma que mais o sensibiliza e gosta de ouvir. Veja o que diz Mary, de Green Bay, em Wisconsin: "Quando peço desculpas a alguém, quero ter certeza de que essa pessoa saiba que sinto muito. Gostaria de não ter cometido aquele erro. Não queria tê-la magoado de jeito nenhum, mas percebo que foi isso que aconteceu. Quero demonstrar que estou sofrendo porque me sinto muito mal depois de ter provocado aquele prejuízo". É bem provável que a linguagem do perdão primordial de Mary seja a manifestação de arrependimento.

George é um caminhoneiro de Indianapolis. Ele diz que, quando pede desculpas, admite seu erro. "Para mim, um pedido de perdão sincero tem de ser assim. Se a pessoa não reconhece que errou, então não pediu desculpas direito". Tudo indica que a linguagem do perdão que mais sensibiliza George é a aceitação da responsabilidade pelo erro cometido.

Anna, de Charlotte, na Carolina do Norte, afirmou: "Quando peço desculpas a alguém, o que tento fazer é demonstrar claramente que, com a ajuda de Deus, tentarei não repetir o mesmo erro. Quero que essa pessoa saiba que não estou feliz com o que fiz e desejo, com toda a sinceridade, mudar meu comportamento". Anna deve achar um pedido de desculpas mais sincero quando o recebe por meio da linguagem do arrependimento genuíno, que se traduz no esforço para não repetir o erro cometido.

Talvez você descubra que duas delas são igualmente importantes, ou seja, ambas são, em sua opinião, evidências da sinceridade daquele que cometeu o erro. Ao se perguntar qual das duas é mais importante, a resposta que ouve na mente é: "Bem, as duas se equivalem em importância para mim". Se isso acontece, é possível que você seja *bilíngue*, o que não é nenhum problema. Na verdade, isso facilita a vida de quem precisa lhe pedir desculpas por ter cometido um erro. Se essa pessoa usar uma das duas linguagens que falam mais alto a você, o pedido de perdão será recebido como uma expressão sincera e sua tendência será perdoá-la.

Para ajudar você ainda mais a descobrir qual é sua linguagem do perdão primordial, oferecemos um questionário no final do livro. Não se trata de um instrumento de avaliação com rigor científico, mas é um instrumento prático que auxilia na identificação da linguagem do perdão mais importante e na discussão desse assunto com as pessoas mais relevantes em sua vida.

E o que dizer da linguagem daqueles a quem amamos?

Como, então, descobrir a linguagem do perdão primordial do cônjuge, dos filhos, dos pais, dos amigos? Seria interessante incentivá-los a ler este livro, responder às três perguntas propostas neste capítulo ou preencher o questionário para, em seguida, discutir a questão com você. Essa será, provavelmente, a maneira mais clara e útil de vocês aprenderem como pedir perdão um ao outro de maneira eficaz.

Você pode também reformular as perguntas 1 a 3 e usá-las para descobrir a linguagem do perdão que mais sensibiliza a outra pessoa. Peça a ela que descreva um pedido de desculpas que tenha ouvido, mas não considerou sincero. Nesse caso, o que ficou faltando? Esta pergunta pode ajudar: "Será que essa pessoa que lhe pediu perdão poderia ter dito alguma coisa que sensibilizaria seu coração, mas preferiu não dizer?". Ou então, se foi você a pessoa que prejudicou ou ofendeu outra, pode dizer a ela o seguinte: "Sei que minha atitude lhe causou uma mágoa. Valorizo nosso relacionamento, por isso gostaria de saber o que preciso dizer ou fazer para me tornar digno de seu perdão". A resposta que ouvirá provavelmente revelará a linguagem primordial do perdão dessa pessoa.

Conversei com uma mulher que, ao ser questionada pelo marido sobre o que ele precisaria fazer para merecer seu perdão, respondeu assim: "Vou lhe dizer uma coisa: não há a menor chance de eu perdoá-lo se você não admitir antes que errou comigo. Você age como se pudesse dizer o que bem entende e tudo bem, pois 'é só brincadeirinha'. Quer saber? Estou cansada de suas brincadeiras. Elas me magoam, e não vou perdoá-lo enquanto você não reconhecer que está errado". A resposta que ela deu revelava claramente que a linguagem do perdão que mais a tocaria seria ver o marido assumir a responsabilidade por seu comportamento e reconhecer diante dela que suas palavras e atitudes a estavam desagradando.

Quando alguém percebe que ofendeu ou prejudicou outra pessoa, deve reformular a pergunta número 2, de forma que soe mais ou menos assim: "Sei que magoei você. Posso ver isso por sua reação. Sinto muito. Fico muito triste ao constatar que aquilo que fiz causou uma mágoa tão grande em seu coração. Por que você não me conta o que a magoou mais nas coisas que eu disse ou fiz?".

A terceira pergunta pode ser feita em local mais neutro, num momento em que ninguém provocou qualquer tipo de ofensa. Você pode dizer assim: "Estou lendo um livro sobre pedidos de perdão e como se desculpar diante de outra pessoa. Gostaria de saber sua opinião sobre isso, por isso vou fazer uma pergunta: quando você pede desculpas a alguém por algo que fez e magoou essa pessoa, o que considera a parte mais importante do processo?".

Se a pessoa com quem estiver conversando demonstrar interesse em saber, fale a respeito das cinco linguagens do perdão. Se ela disser que não quer saber o que está escrito no livro, mas se dispuser a dizer o que considera importante, então ouça a resposta. É bem provável que, a partir daquilo que ela disser, você consiga descobrir qual é a linguagem do perdão primordial dessa pessoa.

Um colega de trabalho fez essa pergunta a William, um executivo de cinquenta e poucos anos. Sua resposta foi: "Para mim, a parte importante de um pedido de desculpas é mostrar à pessoa que você se sente muito mal porque aquilo que fez ou deixou de fazer a magoou". Em seguida, ele se lembrou de uma vez em que pediu perdão à filha por não ter chegado em casa a tempo de assistir a seu recital de piano.

Ao ver como ela estava decepcionada, ele disse: "Agora consigo perceber quanto isso significava para você, e me sinto muito mal por ter perdido a oportunidade de estar ao seu lado e assistir à apresentação. Sei que você é uma excelente pianista, e quem perdeu fui eu por não ter ouvido você tocar. Espero que possa me perdoar e dar outra chance. Amo você, sua irmã e sua mãe mais que qualquer coisa no mundo". William abraçou a filha. "Ela chorou", ele contou ao colega de trabalho. "Senti que minha filha estava fazendo um esforço para me perdoar. Eu me sentia péssimo por ter vacilado com ela, e tentei demonstrar isso. Para mim, enquanto a pessoa não se sente mal pelo que erro que cometeu, seu pedido de desculpas não é autêntico."

"Para mim, enquanto a pessoa não se sente mal pelo que erro que cometeu, seu pedido de desculpas não é autêntico."

A resposta desse pai ao colega de trabalho revela que sua linguagem do perdão primordial é a manifestação de arrependimento.

Um pedido de perdão nota dez

Mas e se você tiver pedido perdão e sentir que a outra pessoa ainda não o perdoou plenamente? Eis uma abordagem que pode ajudar a tornar esse processo mais intenso. Um ou dois dias depois de pedir desculpas, diga a essa pessoa: "Numa escada de zero a dez, classifique a sinceridade que você sentiu no pedido de perdão que apresentei ontem (ou anteontem)". Se ela disser algum número inferior a dez, então pergunte: "O que posso fazer para melhorar essa nota e chegar ao dez?". A resposta fornecerá uma diretriz prática para a continuidade do processo até que todo o possível tenha sido feito para pavimentar a estrada que conduz ao perdão.

Um homem fez essa pergunta à esposa, que respondeu:

— Mais ou menos sete.

Ele insistiu:

— O que devo fazer para conseguir uma nota dez?

Veja o que ela disse:

— Eu até acredito que você esteja sendo sincero. Só que, até agora, ainda não disse que errou. Ainda não sei direito se você só está tentando justificar seu comportamento porque passei a tratá-lo de um jeito diferente. Tenho consciência de que não sou uma mulher perfeita, mas acho que não fiz nada que desse razão a você para agir do jeito que agiu. Não sei bem se você pensa da mesma maneira.

O marido disse:

— Entendo por que você se sente assim. Vou lhe dizer uma coisa: sei que errei. Não há desculpas para meu comportamento. Assumo total responsabilidade sobre minha atitude. Você não tem culpa alguma pelo que aconteceu. Sinto muito tê-la colocado nessa situação, e espero que, no momento certo, você seja capaz de me perdoar.

É bem provável que a esposa só precisasse ouvir isso.

Fale sobre o assunto

Quais das cinco linguagens do perdão são mais importantes para você? Pense no seu amigo mais próximo. Em sua opinião, qual linguagem do perdão é mais importante para ele?

Revise as perguntas para descobrir sua linguagem do perdão principal. Qual delas você considera mais útil?

Pessoalmente, o que você mais deseja em um pedido de perdão?

8
E se você não quiser pedir perdão?

A colunista Lisa-Marie Williams, abalada como todos nós diante do tiroteio na cidade de Newtown, no estado de Connecticut, viu-se refletindo sobre as dores da vida e as tristezas decorrentes dos relacionamentos próximos. Ela escreve: "Quando cresce, você se dá conta de que, às vezes, dizer 'sinto muito' não é suficiente para consertar algo que tenha saído errado. Você aprende que às vezes precisa dizer 'sinto muito' mesmo quando uma coisa não foi culpa sua".

Williams prossegue e descreve uma briga feia na qual se envolveu com uma melhor amiga de longa data. "Trocamos palavras duras e, no final, pedi perdão copiosamente — não porque achasse que estava errada, mas porque pensei que isso precisava ser feito para dar início à recuperação de nossa amizade."

Sua amiga não pediu perdão. Disse que não havia sentido necessidade de fazê-lo. E, disse Williams (que por fim se reconciliou com a amiga), "aquilo doeu. Muito".[1]

Essa amiga me lembrou um homem de Bakersfield, na Califórnia, que disse o seguinte: "Sei que errei, mas ela também sabe. Na verdade, foi por culpa dela que tudo aconteceu. Por que devo pedir desculpas se foi ela que causou todo o problema?".

O problema com esse "jogo de empurra" é que a expectativa média de vida de homens e mulheres no Brasil é de mais de 75 anos. Quanto tempo de sua vida adulta você deseja perder nesse tipo de "guerra fria", no qual as duas pessoas envolvidas num relacionamento esperam que a outra parte sempre tome a iniciativa de pedir perdão? Conheci casais que passaram trinta anos habitando a mesma casa, mas viviam como estranhos porque tanto o marido quanto a mulher esperavam que o cônjuge desse o primeiro passo para pedir desculpas e fazer as pazes.

Um homem me contou que ele e a esposa passaram mais de vinte anos da vida em comum sem se desculpar um com o outro por causa de uma discussão. Ele disse: "Nem lembrava mais qual era o motivo da briga. Só sei que ela inisistia que eu pedisse perdão, mas eu não achava que deveria fazer aquilo. Na minha opinião, ela é que me devia um pedido de desculpas. Aí discutíamos sobre quem deveria tomar a iniciativa até que acabavam os argumentos e ficávamos em silêncio".

Infelizmente, esses exemplos não são tão raros. Conheço dois irmãos que ficaram dezoito anos sem se dirigir a palavra porque um deles achou que o outro o havia enganado num negócio envolvendo a venda de um carro. O que vendeu alegava: "Eu falei a verdade sobre o estado do carro". Aquele episódio acontecera dezoito anos antes, e desde então os dois não trocaram mais uma palavra sequer, embora ambos vivessem na mesma cidade. É muito triste quando alguém toma uma decisão consciente de não se desculpar.

Por que as pessoas não pedem perdão?

"Não vale a pena o esforço"

Por que alguém faria a opção por não se desculpar? Em certos casos, isso acontece quando essa pessoa *não valoriza o relacionamento*. Talvez tenha havido uma série de brigas no passado, gerando muito ressentimento que ficou guardado no coração. Certa mulher disse o seguinte sobre a irmã: "Desisti de meu relacionamento com ela. Parecia que nada do que eu dizia era suficiente: eu sempre estava errada. Ela me magoou em várias ocasiões, até que finalmente decidi que não valia a pena me desgastar. O esforço não compensava. Instalei um identificador de chamadas no meu telefone, por isso conseguia saber quem estava ligando para mim. Toda vez que minha irmã telefonava, eu não atendia. Era melhor nem conversar com ela. Quando vou visitar minha mãe, procuro ver se o carro de minha irmã está na porta. Se está, sigo em frente e não paro. Não quero mais nenhum envolvimento com ela".

"Quando vou visitar minha mãe, procuro ver se o carro de minha irmã está na porta."

Por diversas razões, algumas talvez até legítimas, aquela mulher tomou a decisão consciente de desqualificar o relacionamento que tinha com a irmã. Assim, não se sentia motivada a pedir desculpas pelo comportamento destrutivo que ela mesmo sustentava.

"A culpa foi dele"

A segunda razão pela qual as pessoas optam por não pedir perdão é *o fato de acharem que sua atitude tem justificativa, pois quem errou foi o outro*. Um atleta profissional que se envolveu numa troca de sopapos num barzinho afirmou: "Não vou pedir desculpas por nada. Ele é que não deveria ter feito os comentários que fez". A filosofia de gente como esse atleta é mais ou menos a seguinte: "Você vacilou comigo, e agora vai pagar por isso. Nem pense que vou pedir desculpas pelo que fiz. Você mereceu o que levou, e se voltar a pisar na bola comigo, a coisa será bem pior". Sem dúvida, a preocupação desse sujeito não era a de contribuir para um bom relacionamento — pelo contrário, o que ele queria era se vingar. Esse tipo de atitude não remove as barreiras; na verdade, as cria.

Trata-se do famoso "bateu, levou", uma forma desprezível de levar a vida, mas que muita gente adota. Ele contrasta com a seguinte orientação bíblica: "Nunca paguem o mal com o mal. [...] No que depender de vocês, vivam em paz com todos. [...] nunca se vinguem [...] pois assim dizem as Escrituras: 'A vingança cabe a mim, eu lhes darei o troco', diz o Senhor" (Rm 12.17-19).

A pessoa que tenta justificar seu comportamento ruim só consegue enganar a si mesma. O homem ou a mulher que acha que nunca deve pedir desculpas por nada que faz está vivendo num mundo irreal. A verdade é que, de vez em quando, todo mundo fala alguma coisa rude, critica outra pessoa ou diz o que não deveria dizer. Além disso, qualquer pessoa está sujeita a fazer algo que magoe a outra. Quem se recusa a reconhecer a necessidade de pedir perdão terá sempre dificuldade em manter bons relacionamentos.

Quem se recusa a reconhecer a necessidade de pedir perdão terá sempre dificuldade em manter bons relacionamentos.

Nós deparamos várias vezes com esse tipo de atitude durante o tempo que dedicamos à nossa pesquisa. A seguir, relataremos algumas coisas que ouvimos ao elaborar esse estudo. Betsy, que vive em Birmingham, contou: "Nosso relacionamento já dura dez anos, e nesse tempo aprendi que não posso esperar pedidos de perdão. Já tentei forçar a barra com meu marido, mas toda vez que ele se desculpava, nunca era uma iniciativa sincera. Não havia arrependimento de verdade.

Ele diz que nunca faz nada que justifique um pedido de desculpas. Por isso, acabei aceitando o fato de que nunca conseguirei convencê-lo. Ele jamais me pedirá perdão por nada. Só espero que as coisas não piorem com o tempo".

Martha, da cidade de Bangor, no Maine, afirmou: "Meu marido é uma pessoa que fala pouco. Nem consigo me lembrar de alguma vez na vida que ele tenha pedido desculpas por alguma coisa. A família dele nunca resolvia os problemas que enfrentava. Por causa disso, há muita mágoa e ressentimento, e isso se reflete em nosso relacionamento. Muita coisa foi jogada para baixo do tapete. Não somos exatamente uma família; apenas vivemos juntos, mantendo as aparências. Eu me sinto como se nosso relacionamento fosse uma grande hipocrisia".

É bom deixar claro que não se trata apenas de um problema com os homens. As mulheres também podem se recusar a dizer "sinto muito". Por exemplo: Jon, que vive na cidade de Clovis, no Novo México, fez este relato: "Embora eu saiba que minha esposa comete vários erros, ela sempre dá um jeito de fazer com que eu me sinta culpado por tudo. Quando penso que ela está prestes a pedir perdão, descubro em seguida que não há a menor intenção de se desculpar, pelo contrário: ainda coloca a culpa em mim por seu comportamento ruim. Aí, para resolver o problema, eu deixo para lá e a perdoo por conta própria. Só que esse não é um pedido de desculpas satisfatório".

Já Mark, de Indianapolis, contou: "Minha esposa nunca se desculpa por nada, a não ser quando faz alguma coisa muito ruim. Mesmo assim, não sinto muita firmeza no pedido de perdão".

Encontramos com frequência pessoas cuja consciência foi treinada para jogar a culpa dos erros que elas cometem sobre os outros. Na verdade, trata-se de gente *insensível*, pois é incapaz de reconhecer os próprios deslizes.

O vício secreto de Dave

A consciência insensível costuma andar de braços dados com a fraca autoestima. Pessoas assim podem ter sido ensinadas pelos pais que pedir perdão é uma indicação de fraqueza. Esses mesmos pais podem enfrentar um problema sério de comprometimento da autoestima. Eles costumam culpar os filhos por todo tipo de problema que a família enfrenta. Como consequência dessa postura, a autoestima dos filhos também fica comprometida, algo que eles passarão para as gerações seguintes. Por causa do esforço desesperado que empreendem para se tornar pessoas de valor, e por acreditarem que pedir desculpas é sinal de fraqueza, também tendem a culpar os outros por quaisquer problemas de relacionamento que venham a enfrentar.

Via de regra, gente que sofre com autoestima fraca, que joga a culpa dos erros que comete sobre os outros e que demonstra forte aversão à ideia de pedir perdão precisa passar por aconselhamento para aprender a lidar com esses problemas tão enraizados e que se manifestam no modo de pensar, no comportamento e nas emoções.

O que essas pessoas não sabem é que a iniciativa de pedir desculpas *fortalece* a autoestima. O homem e a mulher capazes de assumir a responsabilidade pelos erros que cometem são respeitados e admirados. Esse respeito e essa admiração ajudam a fortalecer a autoestima dessas pessoas. Por sua vez, aqueles que procuram esconder ou justificar seu comportamento ruim quase sempre perdem o respeito dos outros. Com isso, tornam o problema da fraca autoestima ainda mais grave e complicado de resolver. No entanto, aqueles que passam por esse ciclo negativo encontram dificuldade de compreender essa realidade.

Dave e Janet são casados. Eles já sofreram prejuízos consideráveis em seu relacionamento. Quando chegaram ao consultório de Jennifer para passar pela primeira sessão de aconselhamento, Dave mencionou que fora viciado em pornografia, mas estava em processo de recuperação desse hábito tão nocivo. Janet disse que se sentia muito magoada não apenas com as perdas recentes, mas também com o longo histórico de envolvimento do marido com o vício secreto.

— Ele já apresentou um pedido de desculpas convincente por todos os problemas que o vício em pornografia causaram a vocês? — eu (Jennifer) perguntei.

Eles ficaram em silêncio por algum tempo, até que Dave começou a explicar:

— Bem, eu já disse a ela que sentia muito por ter aquele vício, mas nunca entrei em detalhes, pois sempre achei que a conversa seria muito desagradável.

Dave era como um camundongo preso numa ratoeira: não tinha interesse em se complicar ainda mais, por isso evitava falar das coisas erradas que fizera. Eu queria ajudá-lo a ver que, por ironia, deixar de conversar sobre o sofrimento que o vício causava a Janet só servia para prolongar ainda mais a dor da esposa. Expliquei o conceito de "equilíbrio da balança da justiça" aos dois:

— Quando Janet ficou sabendo de seu vício relacionado à pornografia, foi como se a balança que mantém o casamento equilibrado quebrasse. O lado dela foi parar no chão. Ela se sentiu muito mal, triste, sozinha, com raiva e medo. Não sabia se poderia confiar de novo em você. Seu jeito costumeiro de pedir desculpas não era suficiente para reequilibrar o relacionamento. Janet continua se sentindo muito magoada e assustada. Se a balança continuar desequilibrada desse jeito, é bem provável que ela tente aliviar o peso que a oprime atirando farpas contra você.

Completei minha analogia dizendo:

— Janet precisa de ajuda para remover os contrapesos que levaram o lado dela da balança até o fundo. Você estaria prestando um grande serviço a ela e ao casamento se tivessem uma conversa honesta e detalhada, mesmo que você tema o resultado. Geralmente, as pessoas a quem você pede desculpas dessa maneira acham o contrário: ao livrar o cônjuge do peso da mágoa e reafirmar seu compromisso, ele passa a ser grato. Janet precisa aliviar o aperto no coração causado pela raiva que está sentindo de você. Ela precisa ter certeza da sinceridade de seu pedido de perdão. Só assim ele será eficaz e promoverá a paz entre vocês dois.

Dave ouviu com muita atenção. Ele concordou em tentar fazer um pedido de desculpas mais detalhado em casa, e na semana seguinte me apresentaria um relato a respeito disso.

O casal voltou uma semana depois, e os dois pareciam ter se livrado do peso que os oprimia. Dave falou o seguinte:

— Tentei fazer aquilo que você disse, e não foi tão ruim quanto eu imaginava que seria. Expliquei a Janet que tinha consciência de que havia agido muito mal em guardar uma pilha de revistas pornográficas em casa durante tantos anos. Disse a ela que sentia muito pelo fato de nossos filhos terem encontrado essas revistas e pelo prejuízo emocional que deve ter causado a eles. Aproveitei para entrar em outros detalhes, como meu remorso por ter feito Janet se sentir tão mal como mulher e minha traição à confiança dela, pois eu sustentava uma mentira.

Dave estava se sentindo tão bem pela ousadia que demonstrou ao tomar aquela iniciativa e pela liberdade que passou a experimentar que aconselhou um amigo a fazer o mesmo:

— Já expliquei aquele conceito do equilíbrio da balança da justiça a um amigo meu. Ele também precisa pedir perdão à esposa, e me contou que está disposto a fazê-lo agora!

Por fim, falei com Janet:

— Como você se sentiu ao ouvir o que Dave tinha para lhe dizer?

— Foi um grande passo na vida dele — ela respondeu. — Eu já havia desistido da ilusão de ele um dia assumir a responsabilidade por suas atitudes. Agora me sinto mais esperançosa sobre o futuro de nosso casamento.

Dave completou:

— Por muito tempo acreditei naquela mentira segundo a qual "quanto mais se fala de um problema, mais complicado é para resolvê-lo". Ignorava minha consciência e, infelizmente, a mensagem que passava à minha esposa era a de que não me importava com os sentimentos dela.

"Por muito tempo acreditei naquela mentira segundo a qual 'quanto mais se fala de um problema, mais complicado é para resolvê-lo'."

Apenas quatro meses depois de pedir perdão à esposa, Dave recebeu um diagnóstico de que tinha câncer em estágio avançado. Hoje ele fica admirado ao pensar em tudo o que aconteceu: "Já pensou como seria se eu não tivesse pedido perdão à minha mulher e resolvido esse problema enquanto estava tudo em ordem com minha saúde? Por favor, diga a seus leitores que a necessidade de pedir perdão é urgente, e como é importante fazer isso enquanto temos oportunidade".

"E se eu não conseguir aprender uma nova linguagem?"

Outra pergunta que ouvimos repetidas vezes foi essa: "E se

eu não conseguir assimilar com facilidade a linguagem do perdão da outra pessoa?".

É verdade que algumas pessoas terão mais dificuldade que outras para usar determinadas linguagens do perdão. Isso tudo tem a ver com o histórico pessoal e com o que aprendemos tanto na juventude quando na vida adulta. A boa notícia é que todas as linguagens do perdão podem ser aprendidas. Portanto, queremos lhe apresentar algumas pessoas que aprenderam a usar uma linguagem do perdão com a qual não tinham a menor intimidade. A maioria delas reconheceu que, a princípio, não ficou muito à vontade, mas demonstrou a capacidade que o ser humano possui de aprender novas linguagens.

"Sinto muito por a ter entristecido"

Ao refletir sobre casamento, James participou de um de nossos seminários junto com a namorada, Serena. Depois de preencher os questionários sobre perdão, ela contou a ele que o que mais precisava ouvir num pedido de perdão era "sinto muito". Mais adiante, James procurou a mim (Gary) e disse que não sabia se já tinha dito essas palavras alguma vez na vida.

— Sempre pensei que homens de verdade não pedem desculpas por nada — disse ele.

Eu respondi:

— Permita-me fazer uma pergunta: você já fez alguma coisa na vida da qual se arrependeu de verdade? Falo daquele tipo de coisa que, depois de fazer, você fica pensando: "Quem dera eu não tivesse feito isso".

— Sim, já — ele concordou. — Fiquei bêbado na noite anterior ao enterro de minha mãe. Por causa disso, no dia do funeral, encarei uma tremenda ressaca. Nem me lembro muito de como foi a cerimônia.

— Como você se sentiu depois disso? — perguntei.

— Muito mal. Sentia como se tivesse desonrado minha mãe. A morte dela me deixou muito abalado. Éramos muito chegados, e eu podia abrir meu coração quando conversava com ela. Acho que eu estava tentando afogar minha tristeza, mas bebi muito além da conta. Sei que aquilo provavelmente a teria deixado bem triste. Ela sempre me dizia que evitasse os excessos com a bebida. Minha expectativa era que as pessoas que estão no céu não soubessem o que acontece com as que estão aqui na terra, pois eu não queria magoar minha mãe.

— Suponhamos, por um momento, que as pessoas no céu saibam o que acontece na terra, e que sua mãe estivesse mesmo decepcionada com seu comportamento e suas atitudes. E suponhamos que você tivesse uma chance de conversar de novo com ela. O que diria?

Os olhos de James se encheram de lágrimas, e ele respondeu:

— Eu diria a ela que sinto muito por a ter entristecido. Eu não deveria ter ido ao bar. Eu diria à minha mãe que a amava demais, e pediria a ela que me perdoasse.

Coloquei meu braço sobre os ombros dele e disse:

— Você percebeu o que acabou de fazer?

Ele balançou a cabeça, concordando.

— Sim, sei. Acabei de pedir perdão à minha mãe. E me sinto muito bem. O senhor acha que ela conseguiu me ouvir?

— Acho que ouviu, sim. E acho que já o perdoou.

Por alguns instantes, James não conseguia falar.

— Ah, puxa vida. Eu não queria chorar.

— É outra coisa importante que precisamos ver. Você foi ensinado que um homem de verdade não chora, não é?

— Isso mesmo.

— James, você recebeu muitas informações equivocadas durante esses anos todos — eu disse. — O fato é que homens de verdade choram, sim. Só bonecos é que não choram. Homens de verdade também pedem desculpas. Quando percebem que magoaram uma pessoa amada, eles são capazes até de dizer "sinto muito". Você é um homem de verdade, James. Demonstrou isso hoje. Nunca se esqueça disso. Se casar com Serena, você não será um marido perfeito, assim como ela também não será a esposa perfeita. Nem é preciso mesmo ser perfeito para que um casamento dê certo. Mas é necessário pedir perdão quando se faz alguma coisa errada que possa magoar o cônjuge. E se dizer "sinto muito" é a linguagem do perdão primordial de Serena, então é melhor você aprender a usá-la.

— Entendi — ele falou, sorrindo. — Estou muito feliz por ter vindo aqui.

— Eu também fiquei feliz por vocês terem vindo — comentei antes de ele ir embora.

Difícil dizer, difícil admitir

Marsha tem problemas em admitir que está errada, que é exatamente o que seu marido precisa ouvir como pedido de perdão.

"Não sei por que isso acontece", ela me contou. "Talvez seja porque não me lembro de ter ouvido nenhum de meus pais dizer isso um para o outro. Eles nunca me ensinaram a pedir desculpas também. O que eles sabiam fazer bem era me motivar. 'Faça o melhor que pode. Busque a excelência. Alcance seu potencial.' Mas nunca falaram muita coisa sobre o perdão."

Cerca de um mês depois de preencher o questionário sobre o perdão, Marsha deixou esta mensagem em meu *site*:

> Nos últimos dias, meu coração me impeliu a aprender a linguagem do meu marido, e estou tentando fazer isso. De fato, eu disse em voz alta: "Errei. Não deveria ter feito aquilo". Mas ainda é muito difícil dizer, e mais complicado ainda admitir. A cada sílaba que eu dizia, parecia que tinham passado cola em minha boca. Mas a verdade é que me senti muito bem depois de reconhecer meu erro, como se tivesse tirado um peso dos ombros.

Marsha é prova viva de que aprender a usar a linguagem do perdão da outra pessoa nem sempre é fácil. Ela identificou algumas razões pelas quais certas pessoas acham isso tão difícil: a falta de exemplos na convivência entre os pais e o fato de eles não ensinarem a importância do perdão. Na verdade, pedir desculpas não foi uma atitude que tenha feito parte de sua experiência. No entanto, depois de adulta, ela estava disposta a reconhecer que suas palavras e seu comportamento nem sempre demonstravam carinho e amor. Em vez de tentar justificar aquelas atitudes, ela optou por usar a linguagem do perdão do marido. E isso começou a fazer uma grande diferença na qualidade do relacionamento do casal.

Para aqueles que encontram alguma dificuldade em dizer as palavras "errei, não deveria ter feito aquilo", minha sugestão é que se orientem pelo seguinte procedimento: escrevam as palavras abaixo num cartão.

> Não sou perfeito. Às vezes cometo erros. De vez em quando digo e faço coisas que causam sofrimento aos outros. Sei que a linguagem do perdão primordial da outra pessoa é constatar que assumo a responsabilidade por meus erros, o que fica evidente

quando eu digo: "Errei, não deveria ter feito aquilo". Por isso, aprenderei a dizer essas palavras.

Leia essas palavras em voz alta. Em seguida, repita isto: "Errei, não deveria ter feito aquilo" várias vezes diante do espelho. Faça isso quando estiver só, e em voz alta. Quebrar a barreira da verbalização e dizer alguma coisa que sempre lhe foi difícil será o primeiro passo no aprendizado da linguagem do perdão relacionada à iniciativa de assumir a responsabilidade pelos erros cometidos.

Parte desse aprendizado consiste na constatação de que ninguém é perfeito.

Parte desse aprendizado consiste na constatação de que ninguém é perfeito. Sou imperfeito, por isso às vezes digo ou faço coisas que magoam ou prejudicam os outros. Quando escolho reconhecer que sou humano, demonstro disposição de aceitar a responsabilidade pelos erros que cometo e peço desculpas a alguém usando a linguagem dessa pessoa, significa que estou fazendo progresso.

"Posso não conseguir"

Para certas pessoas, verbalizar a intenção de se arrepender — "Vou fazer todo o possível para nunca permitir que isso aconteça outra vez" — é difícil. Owen foi muito sincero comigo quando disse o seguinte: "Não quero prometer que vou mudar, pois posso não conseguir. Eu tenho a intenção sincera de mudar, caso contrário não estaria pedindo desculpas. Mas quando digo que vou tentar mudar, tenho certo receio de que esteja decretando meu próprio fracasso, e isso comprometeria ainda mais o relacionamento. Por que preciso falar sobre essas mudanças? Será que não bastaria demonstrá-las?".

Owen representa o sentimento de várias pessoas. Contudo, o problema de não verbalizar a intenção de mudar é que a outra pessoa não sabe ler pensamentos. Você sabe que está tentando mudar, mas os outros podem não saber. Para falar a verdade, nós verbalizamos a intenção de nos arrependermos pela mesma razão que verbalizamos as outras linguagens do perdão. Queremos que o outro saiba que reconhecemos o erro cometido, valorizamos o relacionamento e temos interesse em receber o perdão.

Allyson, que vive em Mobile, no Alabama, expressou-se assim: "Meu marido não acha que dizer coisas como 'sinto muito', 'errei', 'por favor, me perdoe' e 'vou tentar nunca mais fazer isso' signifique grande coisa. Mas, pelo fato de ele não usar essas palavras para se expressar, só posso presumir que não sente muito pelo que fez, não percebe que cometeu um erro e não tem a menor intenção de mudar sua atitude. Mesmo que ele sinta muito pelo que fez e queira mudar de verdade, não tenho como saber. Sem as palavras, como posso ter a certeza de que meu marido está arrependido do que fez e está mesmo tentando mudar seu comportamento? Para mim, arrependimento é a linguagem do perdão primordial, e se descubro que meu marido está, pelo menos, tentando mudar, me disponho a perdoá-lo. Mas o fato de ele não me dizer isso é como se não estivesse usando minha linguagem do perdão. Assim fica difícil acreditar que esteja sendo sincero".

Allyson deixa bem claro que demonstrar a intenção de mudar é o primeiro passo no uso da linguagem do perdão relacionada ao arrependimento.

Não estou sugerindo que você deva prometer nunca mais cometer o mesmo erro. O que precisa é demonstrar que empreenderá todo o esforço possível para não repetir o comportamento que magoou a outra pessoa. Essa iniciativa conduz ao sucesso. Mudar padrões de comportamento estabelecidos há muito tempo pode ser uma tarefa muito difícil. O primeiro passo é tomar a decisão de mudar. Aí, com a ajuda de Deus, você começará a trilhar a estrada que conduz a uma mudança positiva. A maioria das pessoas se sentirá motivada ao ver seu esforço, e com isso terá maior disposição de perdoar você quando tropeçar em algum obstáculo do caminho — desde que você também seja capaz de confessar seu erro.

Não permita que o medo do fracasso o impeça de dar os primeiros passos na estrada do arrependimento e do sucesso. Se essa é a linguagem do perdão primordial da outra pessoa, nada poderá substituir as palavras: "Vou fazer o possível para mudar esse comportamento ruim". A partir daí, é preciso elaborar um plano de ação que conduza você ainda mais longe na estrada do sucesso e da cura de antigos ressentimentos.

É possível exagerar na dose?

Em nossa pesquisa, encontramos várias pessoas que admitem pedir desculpas quase diariamente. A qualquer momento que surja alguma situação de tensão entre elas e outras pessoas, imediatamente se desculpam.

"É como se eu desse um tiro no pé"

As pessoas que tendem a exagerar na dose quando pedem perdão agem assim por diversas razões. Algumas se desculpam o tempo todo porque fazem ou dizem coisas que causam dor e sofrimento a outras com frequência. Jeremy fez este relato: "Tenho mais experiência nesse negócio de pedir desculpas do que minha esposa. Isso acontece por que estou dando tiro no pé o tempo todo. Sou uma pessoa muito extrovertida, e às vezes isso me mete em confusões. Digo coisas sem pensar, e depois percebo que fiz minha esposa ou algum colega de trabalho sofrer. Por isso, vivo me desculpando".

Emma diz que o marido, Andrew, pede perdão várias vezes por uma razão muito parecida:

— Todo dia ele faz alguma coisa que o obriga a se desculpar.

A princípio, achei que ela estivesse brincando, mas percebi que não falou aquilo rindo. Por isso, perguntei:

— Você está falando sério, não é?

— Sim, estou — ela respondeu. — Nunca encontrei um homem tão insensível quanto meu marido. Mas ele logo pede desculpas. Eu só queria que ele aprendesse a parar de fazer bobagens. Assim, não teria de pedir perdão o tempo todo.

Para gente como Jeremy e Andrew, o problema não reside na incapacidade de pedir perdão, e sim na falta de habilidade para conduzir relacionamentos. Eles aprenderam a lidar com sua deficiência dessa maneira: pedindo desculpas o tempo inteiro, sem restrições. Uma alternativa mais satisfatória e duradoura para essas pessoas seria assistir a aulas sobre como desenvolver habilidades que melhoram o relacionamento, procurar aconselhamento pessoal ou ler livros que falem dos fundamentos que norteiam as relações positivas entre as pessoas.

"Assumo que o erro foi meu"

Entre as pessoas que tendem a exagerar no pedido de perdão, há as que sofrem um problema de comprometimento da autoestima. Lucy é uma mulher solteira de 35 anos. Ela disse:

"Geralmente acho que tudo que acontece é por minha culpa — no trabalho, em casa e em todos os meus relacionamentos. Acho que nunca me senti bem na vida. Por isso, quando as coisas não dão muito certo nos relacionamentos, eu simplesmente assumo toda a culpa e peço logo desculpas. As pessoas costumam me dizer: 'Não precisa se desculpar por causa disso. Você não fez nada de errado'. Mas sempre acho que estou errada".

Patricia vive em Phoenix. Ela e Dave se aposentaram bem cedo, e mudaram de Michigan para viver num lugar de clima mais quente. Ela contou o seguinte a respeito do marido: "Sempre que Dave pede desculpas por alguma coisa, ele diz: 'Sinto muito'. Mas fala isso com aquele tipo de atitude 'sei que sou um inútil e não faço nada direito'. É claro que ele não é um inútil. Pelo contrário, é um grande homem de negócios. Se não fosse assim, não teria se aposentado tão cedo. E não faz tantas coisas assim que exijam um pedido de desculpas. Acho que o problema dele tem a ver com autoestima baixa. Mas ele exagera no pedido de perdão".

Nunca tive a oportunidade de conversar com Dave, mas tive a impressão de que o problema dele poderia estar relacionado a um comprometimento da autoestima causado por alguma experiência na juventude. Ou, então, o exagero nos pedidos de perdão seriam uma maneira de reagir a uma mulher excessivamente crítica que via defeito em tudo o que ele fazia desde que se casaram. Aceitar essa condenação poderia ser uma forma de enfrentar o problema. Em ambas as hipóteses, não havia dúvida de que a autoestima dele estava em baixa. O caminho rumo a um relacionamento melhor provavelmente passaria pelo acompanhamento de um conselheiro, com quem Dave aprenderia a lidar com a imagem que fazia a respeito de si e a formar um novo conceito de sua identidade. Ele estava preso a um padrão de fraca autoestima que não precisava acompanhá-lo por toda a vida.

"Quero resolver logo isso"

Muitas pessoas detestam passar por situações de conflito e fazem questão de resolver os problemas o mais rápido possível para que tudo volte ao normal o quanto antes. Elas estão sempre dispostas a assumir a responsabilidade e pedir perdão para acabar logo com a contenda, mesmo que não achem que foram as culpadas pela confusão. Não gostam da sensação de desconforto emocional provocada por longas discussões sobre determinado assunto. Para elas, é muito mais cômodo pedir desculpas, assumir a culpa e torcer para que tudo volte logo ao normal. Veja a seguir alguns exemplos que destacamos de nossas pesquisas, envolvendo pessoas que se incluem neste grupo.

"Se quero dormir bem, preciso primeiro resolver todos os problemas", afirmou Gloria, casada com Frank há vinte anos. "Eu sempre peço desculpas a meu marido mesmo quando estou com a razão. Assim, consigo acabar com a discussão e colocar a cabeça no travesseiro com a consciência limpa."

Calvin vive na cidade de Nova York e participou de um evento sobre como aprimorar a relação conjugal que ministrei. Ele me contou: "Fui criado num lar em que praticamente não havia discussões. Era raro ver meus pais brigando por causa de alguma coisa. Por isso, quando fico bravo ou me decepciono com algo que acontece, sinto que preciso pedir desculpas para que tudo fique bem outra vez. Cresci num ambiente católico, e adorava o sacramento da confissão. Eu me sentia muito bem quando verbalizava minhas confissões e era perdoado".

Jonathan tem 30 anos e é casado há dois. Ele adora a profissão que exerce. "Não preciso me dar bem o tempo todo, e nem gosto de confrontos. Minha tendência é pedir perdão até quando a culpa pelo problema não é minha, pois não quero perder tempo com discussões. Acredito que eu seja um cara de paz, que não gosta de confusão."

"Eu me sentia muito bem quando verbalizava minhas confissões e era perdoado."

Foi interessante descobrir que, para muitos casais, aquele que pede desculpas com mais frequência é considerado o melhor nesse quesito — mesmo quando a culpa não é dessa pessoa. Fiz a seguinte pergunta a Suzanne:

— Quem é melhor nesse negócio de pedir desculpas: você ou seu marido?

— Meu marido é, disparado, melhor do que eu nisso — ela respondeu. — Na verdade, eu diria que ele se desculpa em 90% das vezes que temos um problema, mesmo quando não fez nada errado. Ele quer que vivamos em paz, por isso costuma ser quem toma a iniciativa.

Uma "paz" que leva ao ressentimento

Pessoas como essas e milhares de outras desejam manter a paz a qualquer preço. Se for para acabar com uma discussão ou situação de conflito, elas preferem assumir uma culpa que não têm. A tranquilidade emocional é mais importante do que ter razão. Isso pode até parecer um traço de caráter admirável, mas costuma alimentar ressentimentos.

Kim e Matt são casados há quinze anos. Vivem nas imediações de Williamsburg, no estado de Virginia. Ela contou o seguinte: "Sou a pessoa que mais pede desculpas em nosso casamento. Matt não é muito bom nessa coisa de verbalizar os sentimentos. E, para resolver sem demora todo tipo de problema ou situação que cause saia justa, eu costumo encerrar as discussões pedindo desculpas. É uma maneira de fazer com que as coisas voltem ao normal. Geralmente guardo para mim os sentimentos ruins porque preciso pedir perdão, mesmo não sendo eu a causadora do problema".

Esse tipo de ressentimento represado costuma criar distanciamento emocional entre as pessoas. Externamente, tudo parece estar mais ou menos em ordem; por dentro, porém, uma bomba está prestes a explodir.

Se alguém sente que esse tipo de ressentimento está sendo encubado no coração, é hora de buscar a ajuda de um conselheiro, de um pastor ou de um amigo de confiança. Quando esse ressentimento deixa de ser processado, o relacionamento pode seguir uma trilha de destruição. A paz a qualquer preço não é o caminho natural dos relacionamentos autênticos.

Fale sobre o assunto

Você já teve de optar por esperar para pedir perdão em vez de fazê-lo imediatamente? Como isso afetou o relacionamento?

"Por que devo pedir desculpas se foi ela que causou todo o problema?", disse o homem no início deste capítulo. O que você diria a ele?

Muitas pessoas desenvolvem uma "consciência insensível" com o passar do tempo e deixam de considerar que seja errado aquilo que fazem. Você já experimentou isso em sua vida? E na vida daqueles que são próximos a você?

9
Aprendendo a perdoar

Neste capítulo vamos mudar a abordagem da questão: em vez de falar sobre a iniciativa de *pedir* desculpas, trataremos da *concessão* do perdão. Como já vimos, perdoar alguém pelo erro que cometeu pode ser uma tarefa difícil, especialmente se a ofensa for considerada muito grave.

Vamos deixar bem claro: a necessidade de receber perdão sempre começa com algum tipo de ofensa. O International Forgiveness Institute [Instituto Internacional do Perdão], fundado pelo prof. Robert Enright — pioneiro em pesquisas sobre o tema —, define o perdão como uma questão moral: trata-se de "uma reação a algum tipo de injustiça (um erro de natureza moral)" e que se traduz em "uma opção pela melhor atitude diante de um comportamento ruim".[1] Se nenhuma ofensa foi cometida, não há nenhuma necessidade de perdão.

Toda vez que alguém apresenta um pedido de desculpas sincero, o faz com dois objetivos: receber o perdão e restaurar o relacionamento com a pessoa ofendida ou prejudicada. Quando o perdão e a reconciliação acontecem, o relacionamento pode continuar a se desenvolver normalmente.

Como uma bomba prestes a cair

Até mesmo uma ofensa não muito grave pode ter o efeito de uma bomba caindo no meio de um parque. Ela é capaz de destruir a calma de um relacionamento. Quando a pessoa ofendida é você, então sabe bem o que acontece: surgem a mágoa, a decepção, a falta de confiança e uma sensação de que está sendo vítima de traição e rejeição. Seja qual for o agente da ofensa (um colega de trabalho, um companheiro de alojamento, o pai, a mãe, o cônjuge), a questão que fica é: "Como essa pessoa, que diz gostar tanto de mim, foi fazer uma coisa dessas?". Acaba de aparecer uma rachadura em seu reservatório de amor.

E as consequências não param por aí: você acaba de sofrer uma agressão contra seu senso de justiça. É como se um monte de pequenos soldadinhos guardiões da moral habitassem dentro de você, se revoltassem contra a ofensa sofrida e dissessem: "Isso não está certo. Vamos lutar por você!". Por dentro, o que você mais deseja é dizer a esses soldadinhos: "Atacar!". Acontece que essa pode não ser a coisa certa a fazer. Afinal, você valoriza esse relacionamento. Por isso, pensa assim: "Talvez a pessoa que me ofendeu não tivesse essa intenção" ou "É possível que eu não tenha ouvido todos os lados envolvidos nessa história".

A razão prevalece, e o passo seguinte é coletar o máximo de informações. Talvez você até chegue à conclusão de que se enganou e de que sua leitura da situação não era a mais correta. Aí a raiva diminui e o relacionamento se torna ainda mais sólido. Mas também pode ser que a investigação confirme seus maiores temores. Era tudo verdade, e a coisa ainda é pior do que se podia imaginar. A pessoa quis mesmo prejudicar você. Ela o magoou ou humilhou. Usou palavras rudes, foi insensível e faltou com respeito. Aquela ofensa agora se tornou uma barreira emocional entre você e ela.

Geralmente, nossa reação também influencia na situação. A pessoa grita com você e você grita com ela. Ela provoca, você também. Ele disse alguma coisa desrespeitosa, você responde no mesmo tom. Agora, ambos são culpados de ofender um ao outro. A não ser que um tome a iniciativa de pedir desculpas e o outro abra o coração para perdoar, a barreira emocional nunca será totalmente removida.

Por sermos todos imperfeitos, às vezes deixamos de tratar os outros com amor, dignidade e respeito. É por isso que pedidos de desculpas e concessão de perdão são elementos fundamentais para a manutenção de relacionamentos saudáveis. O importante não é saber quem se desculpa primeiro, e sim que ambos estão dispostos a isso. Um pedido de desculpas é um apelo ao perdão. Por isso, vamos analisar como funciona a arte de perdoar.

O que é o perdão?

Em primeiro lugar, vamos esclarecer o significado do termo "perdão". Três palavras em hebraico e quatro em grego foram traduzidas por "perdão" nas Escrituras. Basicamente, são sinônimos com variações bem sutis no significado. As acepções que encerram são: "cobrir", "levar para longe", "perdoar" e "usar a graça com alguém".

A acepção mais comum é a de levar o pecado de alguém para longe (os erros que a pessoa comete). Por exemplo, o salmista afirma: "De nós [o Senhor] afastou nossos pecados, tanto como o Oriente está longe do Ocidente" (Sl 103.12). Esse salmista está falando do perdão divino. Assim, o perdão de Deus significa livrar a pessoa do julgamento do Senhor, ou seja, do castigo que merece a pessoa que transgride a Lei de Deus. Em outra passagem do mesmo salmo, a Bíblia diz que Deus "não nos castiga por nossos pecados, nem nos trata como merecemos" (Sl 103.10). O profeta Isaías diz que Deus apaga nossas trangressões e nunca mais volta a pensar neles (Is 43.25). Fica bem claro, por essas passagens bíblicas, que a concessão de perdão por parte de Deus significa que nossos erros deixam de constituir uma barreira entre nós e ele. O perdão acaba com a distância que nos separa e permite que estabeleçamos uma amizade com o Criador.

O mesmo acontece quando se trata do perdão humano. Perdoar significa fazer uma opção pela suspensão do castigo, desculpar a pessoa que nos causou ofensa ou prejuízo. Isso quer dizer que a ofensa é deixada de lado e aquele que cometeu o erro pode voltar a participar da vida daquele a quem magoou. Perdão não é um sentimento; é a decisão de continuar a desenvolver aquele relacionamento com a retirada da barreira que havia sido colocada ali.

Se você é a pessoa que sofreu a ofensa, conceder perdão significa não desejar mais nenhum tipo de vingança, não exigir que se façam justiça e reparação, não permitir que o erro cometido pelo outro continue sendo uma barreira entre os dois. Perdão gera reconciliação. Isso não quer dizer que a confiança seja restaurada de uma hora para a outra — falaremos sobre isso mais adiante. Reconciliação significa que as duas partes deixam aquele problema para trás e olham juntas para o futuro.

O ciclo do perdão

O pedido de desculpas é parte importante do *ciclo do perdão*, que funciona desta maneira: alguém comete um erro que prejudica outra pessoa; em seguida, pede desculpas; e esse perdão é concedido.

Um modelo divino

Esse ciclo pode ser identificado com clareza no relacionamento de Deus com as pessoas. O profeta Isaías transmitiu a seguinte mensagem ao antigo povo de Israel: "Foram suas maldades que os separaram de Deus; por causa de seus pecados, ele se afastou e já não os ouvirá" (Is 59.2). Nunca estamos separados do amor de Deus, mas nossa desobediência nos separa da comunhão com ele. O Novo Testamento nos lembra que "o salário do pecado é a morte" (Rm 6.23a). A morte é a instância final da separação de Deus. É claro que esse não é o desejo dele para suas criaturas. Por isso, o autor logo complementa o texto, afirmando que "a dádiva de Deus é a vida eterna em Cristo Jesus, nosso Senhor" (Rm 6.23b). Deus deseja manter comunhão com as pessoas que criou. Isso tem tudo a ver com o significado da cruz de Cristo: Deus oferece perdão gratuito.

Para passar pela experiência de receber o perdão de Deus, as pessoas precisam demonstrar *arrependimento* (que é uma mudança de rumo) e fé em Cristo (ver At 2.37-39). A mensagem é bem clara: para receber o perdão de Deus, é preciso que reconheçamos nosso pecado e aceitemos esse perdão divino. O apóstolo João escreve: "Mas, se confessamos nossos pecados, [Deus] é fiel e justo para perdoar nossos pecados e nos purificar de toda injustiça" (1Jo 1.9). Assim, para que nossa comunhão com Deus seja restaurada, é necessário que reconheçamos nosso pecado, ou seja, devemos pedir perdão. A partir do momento que fazemos isso, passamos a sentir o abraço caloroso de nosso Pai celestial. A distância que nos separava não existe mais. Voltamos a caminhar tendo por companhia o próprio Deus.

Dediquei esse tempo para fazer um resumo sobre o perdão divino porque as Escrituras também afirmam que as pessoas devem perdoar umas às outras da mesma maneira que Deus as perdoa (ver Ef 4.32). Esse é o modelo divino, que também vale nos dias de hoje, pois continua sendo sábio e prudente. Ele abrange os dois elementos essenciais de um pedido de perdão: 1) confissão e arrependimento por parte da pessoa que comete o erro, e 2) perdão concedido pela pessoa que sofreu o prejuízo.

Nas Escrituras, esses dois elementos nunca estão separados. Por essa razão, no nível das relações humanas o pedido de desculpas é elemento fundamental no ciclo do perdão. É por isso que usamos a primeira metade deste livro para ensinar a pedir perdão de maneira eficaz. No entanto, uma vez apresentado o pedido de desculpas, a pessoa ofendida se vê diante da possibilidade de escolher entre perdoar ou não. O perdão abre o caminho para a reconciliação entre as duas partes. Não o conceder conduz a uma deterioração ainda maior no relacionamento.

Jesus fez a seguinte declaração a seus discípulos: "Em todas as coisas façam aos outros o que vocês desejam que eles lhes façam" (Mt 7.12). A maioria das pessoas gostaria de ser perdoada quando comete um erro. Por isso, a Bíblia nos incentiva a conceder perdão àqueles que fazem coisas que nos prejudicam. A mensagem cristã é esta: somos capazes de perdoar porque fomos perdoados por Deus. Ele nos perdoou porque Cristo pagou o preço definitivo pelos nossos erros. Dessa maneira, nossa capacidade de perdoar vem do próprio Deus. É sempre adequado dizer: "Senhor, ajuda-me a perdoar".

Quando a pessoa não pede perdão

E o que acontece se a pessoa que ofende ou prejudica a outra não se prontifica a pedir desculpas? Então a parte ofendida deve confrontar aquela que cometeu o erro. Esse tipo de abordagem foi estabelecida de maneira clara por Jesus: "Se um irmão pecar, repreenda-o e, se ele se arrepender, perdoe-o. Mesmo que ele peque contra você sete vezes por dia e, a cada vez, se arrependa e peça perdão, perdoe-o" (Lc 17.3-4). Esse padrão de conduta é fácil de compreender: alguém comete um erro, mas não toma a iniciativa de pedir desculpas; então a pessoa ofendida a procura. Se a que errou se desculpa, recebe o perdão. Não há limite preestabelecido para o perdão, desde que a pessoa que causou o problema esteja disposta a voltar e se desculpar.

Mas e quando o responsável pelo erro se recusa a pedir perdão, mesmo diante da exposição de seu comportamento ruim? Devemos procurá-lo mais uma vez, explicando as consequências de seus atos e oferecendo mais uma vez a oportunidade de se desculpar. Jesus deu instruções muito claras sobre isso a seus discípulos: "Se um irmão pecar contra você, fale com ele em particular e chame-lhe a atenção para o erro. Se ele o ouvir, você terá recuperado seu irmão. Mas, se ele não o ouvir, leve consigo um ou dois outros..." (Mt 18.15-16).

Vemos novamente um padrão bem definido: você aborda a pessoa pela segunda vez, ou mesmo uma terceira, se for preciso, sempre disposto a perdoar e buscar a reconciliação. Mas ainda assim é possível que o responsável pelo erro não demonstre a menor intenção de reconhecer o que fez, nem admita a necessidade de pedir desculpas pelo comportamento condenável. Neste caso, o cristão deve orar por essa pessoa e fazer o possível para falar do amor de Cristo, na esperança de que ela se arrependa dos erros cometidos e possa ser perdoada.

Por favor, note que Jesus não disse que devemos perdoar a pessoa que erra quando ela não se mostra disposta a pedir desculpas. Perceba também que Jesus estava tratando da questão do pecado moral ("Se um irmão pecar contra você..."). Alguns motivos de irritação nos relacionamentos não passam disso: motivos de irritação. O marido não sabe lavar a louça como a esposa. Ela até pede que ele faça direito, mas se o marido não consegue, isso não constitui uma falha moral. Muitos motivos de irritação nos relacionamentos podem ser tolerados, ignorados ou aceitos. Mas as falhas morais se colocam como barreiras que só podem ser removidas com um pedido de desculpas e a concessão do perdão.

Jesus não disse que devemos perdoar a pessoa que erra quando ela não se mostra disposta a pedir desculpas.

Por isso, se uma pessoa, depois de confrontada várias vezes, se recusa a pedir desculpas por um erro de cunho moral que cometeu contra nós, devemos deixá-la nas mãos de Deus, em vez de tentar ir à forra pelo prejuízo sofrido. Ele tomará conta da questão de maneira muito melhor. As Escrituras ensinam que a vingança pertence a Deus, não ao ser humano (Rm 12.19). A razão para isso é que o Criador é o único que sabe tudo sobre a pessoa que errou contra nós. Ele conhece não apenas as ações, mas também as motivações. Além disso, Deus é o juiz definitivo.

Entregue a pessoa nas mãos de Deus

Por tudo isso, aquele que se sente magoado e com raiva de alguém que o tratou de maneira imprópria deve entregar essa pessoa nas mãos do Pai celestial que tudo conhece. Ele é plenamente capaz de fazer o que é certo e justo em relação a ela.

O próprio Jesus deu exemplo. O apóstolo Pedro disse o seguinte a respeito do Filho de Deus: "Não revidou quando foi insultado, nem ameaçou se vingar quando sofreu, mas deixou seu caso nas mãos de Deus, que sempre julga com justiça" (1Pe 2.23). Ou então, como aparece em outra tradução: "Ele deixou seus erros nas mãos do Justo Juiz".[2] Como homem, Jesus não quis se vingar daqueles que cometeram um grande erro contra ele. Em vez disso, o Filho de Deus entregou aquela situação nas mãos do Pai, sabendo que Deus a julgaria de maneira justa.

Geralmente, quando alguém faz alguma coisa que nos prejudica ou ofende, achamos que, se não tratarmos logo da questão e exigirmos justiça, ninguém mais fará isso por nós. Mas você pode entregar essa pessoa e o erro que ela cometeu nas mãos de Deus, sabendo que ele tomará a melhor atitude a seu favor. Ele se preocupa mais que você com a justiça.

Tendo entregado aquela pessoa nas mãos de Deus, então chegou a hora de confessar o seu pecado. Lembre-se: a mágoa e a raiva não são pecados em si, mas com frequência permitimos que a raiva nos conduza a um comportamento pecaminoso. Palavras duras ou atitudes destrutivas devem ser reconhecidas diante de Deus e da pessoa contra quem foram dirigidas. Não permita que a recusa do outro em conceder o perdão impeça você de tomar a iniciativa de se desculpar. Essa pessoa pode não estar disposta a perdoar, mas quando você pede desculpas, consegue olhar a própria imagem no espelho, sabendo que não terá problemas para admitir os erros que cometeu.

Perdoando quando sua linguagem do perdão não é usada

Lembro-me da mãe que disse o seguinte: "Depois que eu o ouvi falar a respeito das cinco linguagens do perdão, ficou bem mais fácil para mim perdoar meu filho adulto. Ele tem trinta anos, e já pediu desculpas muitas vezes. Mas a única coisa que sabe dizer é 'sinto muito'. Para meu filho, isso é um pedido de desculpas. Só que, para mim, deixa muito a desejar. Queria ouvi-lo dizer: 'Errei. Você pode me perdoar por isso?'. Mas ele sempre fica no 'sinto muito'. Antigamente, eu o perdoava na maioria das vezes. Mas sempre questionava a sinceridade de meu filho. Depois de sua palestra, percebi que ele estava sendo sincero, só que usando a linguagem primordial do perdão que considera mais importante. Embora não seja a minha, acredito que ele está sendo bem honesto. Isso tornou mais fácil para mim conceder-lhe o perdão".

O perigo de se perdoar muito rápido

Alguns de nós foram treinados desde a juventude a perdoar logo e sem restrições. Se alguém pede desculpas usando qualquer uma das linguagens do perdão, somos propensos a conceder o perdão e não questionar a sinceridade dessa pessoa. Ao fazer isso, podemos estar incentivando-a ao mau comportamento.

Lisa e o marido, Ben, enfrentaram o que ela chamou de "vários motivos de estresse" no primeiro ano de casamento. Mudaram para uma cidade diferente, por isso venderam uma casa para comprar outra (duas vezes). Lisa teve problemas muito sérios de saúde. Ben mudou de emprego, os pais dele se separaram e o pai ameaçou cometer suicídio. Paralelamente, o casal resolveu iniciar um ministério com pessoas solteiras na igreja que frequentava. Na carta que Lisa escreveu para mim (Jennifer), ela descrevia o pior de todos os problemas: "Para complicar de vez, meu marido cometeu adultério". Li com toda a atenção o relato:

> Senti que Deus estava me orientando a perdoá-lo e amá-lo. Foi o que fiz. Raciocinei da seguinte maneira: depois de tudo pelo que havíamos passado, qualquer um dos dois poderia cometer um erro. Com o coração aberto, ofereci meu perdão e só voltei a falar do caso mais duas vezes. No entanto, um ano depois ele começou a me enganar com outra mulher. Dessa vez eu fui muito dura com Ben, e ele teve de arcar com as consequências. Meu pastor se envolveu na questão. Oferecemos a meu marido amor e perdão, e eu o perdoei depois de ouvi-lo dizer que sentia muito e estava "arrependido".
>
> Oito anos se passaram e, sem que eu soubesse, Ben continuava a manter casos extraconjugais. Recebi um telefonema dele certo dia, no qual ele me disse: "Estou apaixonado por outra mulher, e não vou voltar para casa hoje à noite". Naquele momento, resolvi trocar todas as fechaduras. Só o encontrei de novo no escritório do advogado, onde assinamos os papéis da separação.

Lisa e Ben passaram um ano separados. Durante esse tempo, começaram a resolver os problemas que arruinaram o casamento. "Por um milagre de Deus, com muito aconselhamento e estabelecimento de limites mais saudáveis, estamos livres desses casos extraconjugais. Estamos celebrando catorze anos de casamento", ela contou.

Sim, o fim da história foi muito bom, e Lisa pôde dizer que Deus trabalhou para salvar seu casamento tão tumultuado. Ainda assim, ela se arrepende de ter deixado Ben enganá-la por tanto tempo e de ter demorado tanto para tomar uma atitude mais drástica em relação ao problema.

> Acredito que, se conhecesse as cinco linguagens do perdão e tivesse julgado melhor a sinceridade dele, meus limites teriam sido bem mais rigorosos já no início do casamento. Não teria sido tão dependente e fraca em nome do perdão. Meu

discernimento sobre a honestidade do arrependimento de Ben seria muito maior, e isso nos teria poupado de muitos anos de tristeza insuportável.

Acho que Lisa tem razão. Fazer com que uma pessoa sofra as consequências de seu comportamento ruim é um ato de amor. Se Lisa compreendesse as cinco linguagens do perdão, provavelmente teria a coragem de dizer o seguinte, logo depois da primeira ofensa: "Amo muito você para ignorar esse problema. Não quero continuar esse relacionamento, a não ser que você concorde comigo em procurarmos aconselhamento. Nossa relação é muito importante para mim, por isso não posso considerar seu erro algo banal". Quando o erro cometido é muito grave, devemos tratar a causa do comportamento para que haja mudanças genuínas e duradouras.

"Preciso de um tempo"

Já mencionamos que há duas reações naturais a um pedido de desculpas: perdoar ou não perdoar. Na verdade, há ainda uma terceira possibilidade: "Por favor, me dê um tempo para pensar sobre o que está acontecendo. Quero perdoar você, mas preciso processar tudo isso".

Às vezes, somos magoados de maneira tão intensa e frequente que não temos condições emocionais, espirituais e físicas de oferecer um perdão genuíno. Precisamos de tempo para que haja cura interior, recuperação do equilíbrio emocional e até da saúde física. Só assim teremos capacidade de perdoar. Eu (Gary) lembro-me de ouvir o relato de um homem casado que disse: "Depois que minha esposa mentiu pela primeira vez para mim sobre o uso de drogas, optei por perdoá-la e trabalhar para que nosso casamento não fosse destruído, pois achava que ela havia se arrependido de fato do que fizera. Estava convicto de que ela não repetiria aquela besteira. Acontece que ela fez, e muitas outras vezes. Chegou a entrar num programa de tratamento, mas abandonou três semanas antes do fim. Disse que já era capaz de se controlar. Só que não foi bem assim. Uma semana depois, já estava chapada de novo".

Em seguida, ele disse: "Agora ela está me pedindo uma nova chance. Diz que vai completar o tratamento. Concordei em pagar, mas não sei se sou capaz de perdoá-la. Estou cansado disso tudo. Estou disposto a orar sobre a proposta, mas neste momento não quero nem olhar para ela".

Eu me solidarizei com a luta desse homem. Quem não compreenderia o motivo de ele ser tão relutante em conceder o perdão? Quem seria tão insensível a ponto de obrigá-lo a perdoar a esposa na mesma hora? Quem pode garantir a ele que o pedido de perdão da mulher é sincero? E quem garante que aquele problema não se repetirá nunca mais? Até então, tudo aponta para a direção oposta.

Ele continuou: "Eu amo minha esposa, e ela diz que me ama também. Mas como é possível? Como alguém é capaz de fazer aquilo com uma pessoa que diz amar? É um jeito muito estranho de demonstrar amor. Espero que, no momento certo, eu seja capaz de perdoá-la. Torço para que ela esteja sendo sincera, e para que tenha percebido que está trilhando um caminho muito tortuoso. Mas, neste momento, não sei, não".

Bem no fundo de sua alma, esse homem está ansioso por perdoar a esposa. Ele deseja manter um relacionamento de amor genuíno, mas não sabe se é capaz de perdoá-la. Só o tempo poderá dizer. Ele está com o coração aberto a essa possibilidade. Está orando e esperando. Às vezes, essa é a única maneira de pensar no perdão em termos realistas. Durante esse período, ele deve processar suas emoções ao lado de Deus, não permitindo que a mágoa se transforme em amargura e ódio.

Confiança: a planta a ser cultivada

Tudo isso nos leva à discussão sobre a recuperação da confiança. Não se pode confundir perdão com confiança. Perdoar é uma decisão que pode ser tomada a qualquer momento — basta a pessoa achar que ouviu um pedido de perdão sincero. Já a confiança não é uma *decisão*, e sim uma *emoção*. A confiança é aquele tipo visceral de firmeza que se tem de que a outra pessoa vai fazer exatamente o que disse que faria.

É claro que a confiança envolve um aspecto cognitivo. "Optei por acreditar que você é uma pessoa íntegra" é uma declaração que se baseia em confiança. Contudo, trata-se de um tipo de declaração baseada em emoções. A confiança é aquele sentimento de ordem emocional segundo o qual podemos ficar tranquilos em relação à outra pessoa, pois não corremos nenhum risco. Podemos baixar a guarda emocional porque ela não nos magoará premeditadamente.

Na maioria dos casos, a confiança se desenvolve logo no início do relacionamento. A não ser que tenhamos sido muito magoados no passado, nossa tendência é presumir que as pessoas são o que dizem ser. Se, nos primeiros meses do relacionamento, não há motivos para duvidar disso, então nossa confiança inicial é confirmada e se aprofunda.

A confiança, portanto, é um estado emocional natural dos relacionamentos saudáveis. Amigos confiam uns nos outros.

Cônjuges também têm confiança entre si. No ambiente do trabalho, colegas que são muito próximos costumam estabelecer essa relação de confiança. No entanto, quando essa confiança é traída ou violada, não volta ao normal com a mesma rapidez que se vai, mesmo depois de se apresentar um pedido de desculpas e da concessão do devido perdão. A confiança diminuiu porque alguém demonstrou não ser confiável. Se eu for bem sincero, provavelmente direi a essa pessoa: "Vou perdoá-lo porque acredito que esteja sendo sincero ao me procurar e pedir desculpas. Mas, para ser bem honesto, não confio mais em você tanto quanto confiava antes".

Gosto de pensar na confiança como uma plantinha muito sensível. Quando é traída, é como se alguém pisasse nessa planta e a afundasse na lama. A chuva e o sol podem até ajudá-la a se erguer novamente, mas isso não vai acontecer muito rápido. Então, como recuperar a confiança num relacionamento depois que ela foi traída? A resposta é: mostrando-se confiável no dia a dia. Um pedido de desculpas sincero e o perdão genuíno abrem espaço para a possibilidade de a confiança ser recuperada. Como isso acontece? Em minha experiência de anos trabalhando com vários casais, posso dizer que a confiança é melhor alimentada quando o cônjuge que cometeu o erro faz a opção de permitir ao outro acesso total a tudo que se refere à sua vida privada.

Gosto de pensar na confiança como uma plantinha muito sensível. Quando é traída, é como se alguém pisasse nessa planta e a afundasse na lama.

Por exemplo, se o problema tem a ver com dinheiro, então a atitude deve ser a seguinte: "Aqui está meu talão de cheques, o extrato da poupança e os comprovantes de todas as aplicações. Fique à vontade para consultar sempre que quiser. Não tenho nada além disso. Vou apresentar você ao gerente de meu banco e liberar acesso total às movimentações".

Se a ofensa tem a ver com infidelidade sexual, então permita que seu cônjuge possa ver os números gravados em seu telefone celular, as mensagens e endereços eletrônicos e todos os demais aparelhos usados para comunicação. Preste um relatório completo sobre como você gasta o tempo. Dê a seu cônjuge permissão de fazer ligações para confirmar que você está onde disse que estaria. A confiança não cresce quando há segredos. Ela só aumenta em um ambiente de abertura. Quando alguém escolhe ser confiável, depois de algum tempo o cônjuge provavelmente voltará a depositar a confiança na pessoa que o havia traído. Mas se opta por continuar a mentir, enganar, esconder e inventar desculpas, a confiança nunca mais volta. Só há uma esperança para recuperá-la: a chuva e o sol da integridade.

Pelo fato de a recuperação da confiança ser um processo e, por isso, demandar tempo, muita gente me procura para dizer: "Acho que perdoei meu cônjuge, mas há dias em que penso não ter perdoado, pois ainda não consigo confiar nele". Esse conflito é resultado da confusão entre os conceitos de confiança e perdão. De maneira bem resumida, o perdão é uma escolha que se faz por suspender o castigo e permitir que a pessoa que cometeu o erro volte a participar de sua vida. Assim, o relacionamento pode voltar a se desenvolver. A confiança, por sua vez, é recuperada aos poucos. Quando há mudança de comportamento por determinado período de tempo, a pessoa ofendida começa a se sentir mais à vontade e otimista em relação àquela que a prejudicou. Com o tempo, é possível até que a confiança total seja recuperada.

Ciclo completo

O perdão tem o poder de renovar o vigor de um relacionamento. A escolha por não perdoar é como uma sentença de morte: sem perdão, esse relacionamento se extingue. Mas ele pode se tornar mais vibrante e gratificante para a vida das pessoas envolvidas quando o perdão é concedido.

É difícil exagerar quando se fala no poder do perdão. Ele é o objetivo de todo pedido sincero de desculpas. Quando não é concedido, as desculpas apresentadas ficam soltas, como se fossem um fio elétrico desligado. Um pedido de perdão, por si, não é suficiente para restaurar relacionamentos. Trata-se de um apelo. Só a concessão desse perdão pode proporcionar essa restauração. Se somos amigos e você trai nossa amizade tratando-me mal, mas logo me procura para pedir desculpas com sinceridade, o futuro de nosso relacionamento não será determinado pela ofensa cometida nem pelo pedido de desculpas, mas pela minha disposição (ou a falta dela) de conceder perdão. Sem perdão, o propósito do pedido de desculpas é frustrado.

O que o perdão não pode fazer

Permita-me falar rapidamente sobre mais um aspecto do perdão: ele não remove todas as consequências do erro. Se um homem é dado a acessos de fúria e bate na esposa, dando-lhe um soco no queixo e quebrando o maxilar dela, é até possível que ele admita seu erro com sinceridade e ela o perdoe. Só que o maxilar da mulher continuará quebrado, causando problemas para o resto da vida. Se uma adolescente resolve não ligar para os conselhos dos pais, experimenta algum tipo de droga a pedido de uma amiga e essa droga prejudica sua capacidade mental, a pessoa que ofereceu pode pedir desculpas com a maior sinceridade do mundo, a que se drogou também pode se desculpar com os pais, se tiver condições de fazê-lo, e os pais podem perdoar de coração, mas o estado mental dessa jovem estará comprometido pelo resto de sua vida.

Essa é uma das verdades fundamentais da vida: quando fazemos ou dizemos coisas que prejudicam ou ofendem as pessoas, as consequências desses atos ou dessas palavras nunca mais são removidas, por mais sincero que seja o perdão recebido.

A segunda verdade é que o perdão não acaba com todos os sentimentos de dor. Uma esposa pode desculpar o marido por bater nela num momento de fúria, mas quando ela se lembrar do que ele fez é possível que volte a ser assaltada por senstimentos de decepção, mágoa e rejeição. O perdão não é um sentimento, e sim um compromisso de aceitar a pessoa, apesar daquilo que ela fez. Trata-se de uma decisão de não exigir que seja feita justiça e de demonstrar misericórdia.

O perdão não apaga a lembrança do que aconteceu. Falamos sobre perdoar e esquecer, mas, em última análise, nunca conseguimos esquecer de fato. Todos os acontecimentos da vida ficam registrados na mente. É grande a possibilidade de que a lembrança desses eventos volte ao consciente. Se você faz a opção por perdoar, deve entregar a lembrança dessa ofensa a Deus junto com as mágoas, reconhecendo diante dele que aquilo continua em sua mente, incomodando. Mas não deixe de dar graças por ter conseguido conceder o perdão. Em seguida, peça a Deus o poder para fazer alguma coisa gentil e carinhosa àquele que cometeu o erro assim que possível. Concentre-se apenas no futuro e não permita que sua mente seja tomada pelas lembranças de erros cometidos no passado, hoje já perdoados.

Considerando que você esteja em condições de perdoar, até que ponto é capaz de verbalizar essa disposição? Veja a seguir algumas sugestões.

Declarações de perdão concedido

"Fiquei muito triste com o que você disse. Acho que dá para ter uma ideia de quanto isso me magoou. Fico feliz pelo fato de você me pedir desculpas, pois, sem isso, não acredito que eu seria capaz de perdoar. Mas, por considerar sincero seu pedido, quero que saiba que eu o perdoo."

"Que posso dizer? Seu pedido de desculpas me comoveu. Valorizo bastante nosso relacionamento. Por causa disso, fiz a opção de perdoar você."

"Eu não sabia se teria condições de dizer isso com sinceridade. O que você fez acabou comigo. Eu nunca seria capaz de imaginar que você pudesse fazer algo assim. E, por causa de meu amor por você, escolho acreditar que seu pedido de desculpas é sincero. Por isso, estou oferecendo meu perdão."

"O erro que você cometeu no trabalho me custou muito tempo e dinheiro. Mas estou disposto a conceder meu perdão. Sim, creio que, se você tiver um plano de ação para corrigir o erro, eu posso perdoar."

"Sei como é difícil para você engolir seu orgulho e dizer: 'Sinto muito, eu errei'. Mas você subiu no meu conceito, por isso vou perdoar."

Fale sobre o assunto

Em que circunstâncias você acha mais difícil perdoar alguém? Por que, em sua opinião, isso acontece?

Discuta a observação do autor de que "nunca estamos separados do amor de Deus, mas nossa desobediência nos separa da comunhão com ele".

Por que é perigoso perdoar muito facilmente?

10

A cura para os relacionamentos familiares

Karen compartilhou este poderoso testemunho:

> Meus pais se divorciaram quando eu estava na quinta série. Quando eu ia visitar meu pai, não me parecia que ele tinha alguma consideração por mim ou que queria passar tempo comigo. Ele se casou e se divorciou mais duas vezes e parei de vê-lo. Por fim, meu irmão mais novo e eu dissemos a nosso pai que não queríamos mais nada com ele. Então meu irmão mais novo cometeu suicídio. Não falei com meu pai por cinco anos.
>
> Durante esse tempo, ele tentou entrar em contato comigo algumas vezes, mas sempre com aquela postura de tentar explicar por que ele estava certo e eu, errada. Depois de alguns anos de silêncio — um período durante o qual comecei a frequentar a igreja e encontrei um grande amigo cristão — decidi que precisava perdoar meu pai e dar a ele uma segunda chance. Assim, um dia, peguei o telefone e liguei para ele. Aquela primeira conversa foi curta, mas foi o início de um novo relacionamento, tanto para ele quanto para mim.
>
> Isso aconteceu há vinte anos, e tenho mantido um relacionamento sadio com meu pai desde então. Ele agora sofre do mal de Alzheimer e nosso relacionamento mudou novamente, mas sou grata por ter tido muitos bons anos com ele!

O mundo está cheio de relacionamentos rompidos entre pais e filhos. Alguns, como Karen, conseguem encontrar certo grau de cura e restauração. Outros não são tão afortunados.

Há alguns anos, meu filho Derek estava fazendo pós-graduação. Ele morava e trabalhava numa igreja que funcionava numa casa no distrito de Haight-Ashbury, em San Francisco. Seu ministério era concentrado no contato com jovens adultos que haviam migrado para aquela cidade na esperança de melhorar de vida, mas, de repente, se viram sem ter onde morar. Ao fim de três anos de trabalho, Derek me contou: "Pai, quase todo mundo que conheci nas ruas foi expulso de casa pelos pais. A maioria das pessoas não tem nenhum contato com a família há muitos anos".

Perguntei a ele sobre o tipo de dinâmica familiar que gerava esse distanciamento. Ele respondeu: "Muitos deles foram agredidos verbal, física e sexualmente pelos pais. Assim que alcançaram idade suficiente, saíram de casa sem olhar para trás. Contudo, outros deixaram lares onde tinham estabilidade e apoio, mas se envolveram com consumo de drogas quando ainda eram adolescentes. Os pais tentaram ajudar, mas, com o tempo, perderam a esperança e desistiram, fazendo com que aqueles jovens passassem a viver por sua própria conta e risco".

Um filho rebelde

Certa vez, passei uma semana com meu filho caminhando pelas ruas de San Francisco e conhecendo as pessoas com as quais ele havia estabelecido contato. Conforme ouvia as histórias daqueles jovens, ficava pensando em quantas mães e quantos pais espalhados por cidades distantes ou pelo interior do país estariam orando pela volta dos filhos. Lembrei-me da história que Jesus contou sobre o jovem que pediu para receber sua parte da herança enquanto ainda tinha pouca idade, em vez de esperar pela morte do pai, que, por sua vez, concordou com o pedido do filho. Então o rapaz saiu de casa com os bolsos cheios de dinheiro e uma quantia considerável guardada na poupança. O jovem estava seguindo aquela famosa filosofia: "Coma, beba e festeje porque a vida é curta". No devido tempo, ele descobriu que não tinha mais dinheiro para gastar e começou a trabalhar no cuidado de porcos para poder se sustentar.

Um dia ele acordou e lembrou-se do lar que deixara. Decidiu que viajaria de volta para casa, se desculparia com o pai e pediria para trabalhar como um dos empregados da fazenda da família. Em seguida, levou a cabo sua decisão e tomou a longa estrada que o levaria de volta à casa do pai. Ao chegar lá, apresentou seu pedido sincero de perdão e expressou o desejo de trabalhar como mão de obra contratada. Para sua surpresa, o pai não apenas o perdoou totalmente como também o recebeu de volta não como empregado, mas como o filho que restaurara os vínculos com o lar (ver Lc 15.11-24).

Quando olhei o semblante daqueles jovens adultos circulando pelas ruas de San Francisco, fiquei pensando em quantos deles se reconciliariam com os pais se tão somente fizessem uma opção pelo pedido de perdão.

Filhos que não se dispõem a tomar a iniciativa

Não há dúvida de que aqueles que foram vítimas de abusos cometidos pelos pais também precisam receber um pedido de perdão. Mas é pouco provável que isso aconteça, a não ser que os próprios filhos tomem a iniciativa para que o processo tenha início. Os pais não podem se desculpar com um filho adulto cujo contato perderam. Lembro-me da história de

Marcie, que conheci num seminário sobre casamento ministrado numa cidade do centro-oeste dos Estados Unidos. Ela havia sido vítima de abusos sexuais cometidos pelo pai, o que afetou muito o relacionamento conjugal. A pedido do marido, ela buscou aconselhamento e logo passou a compreender o que tinha acontecido. Marcie decidiu confrontar o pai e resolver a questão relacionada ao que tinha acontecido entre eles muitos anos antes. Sabia que não era a responsável pelo problema, mas também tinha convicção de que, por muitos anos, permitira que a amargura e a raiva a impedissem de buscar reconciliação com os pais. Ela não os via fazia muito tempo.

Os pais não podem se desculpar com um filho adulto cujo contato perderam.

Com a ajuda de seu conselheiro e o apoio do marido, ligou para os pais e perguntou se poderia visitá-los. Eles concordaram.

Marcie chamou aquela situação de "a mais longa viagem que já fiz e a mais difícil conversa que já tive". Ela relata: "Na época, nada sabia sobre as cinco linguagens do perdão, mas tinha certeza de que queria começar me desculpando. Pensando bem, acho que tentei usar todas as cinco linguagens".

Ela se lembra até do que disse: "Vim aqui para me desculpar por ter permitido que a amargura, a raiva e o ressentimento me mantivessem longe de vocês por todos esses anos. Sei que errei por ter feito isso. Sinto muito mesmo que tenhamos perdido tanto tempo assim. Não sei se há alguma iniciativa que eu possa tomar para fazer as pazes com vocês, mas estou pronta para tentar. Quero que o futuro seja diferente, e vim aqui para pedir a vocês que, por favor, me perdoem".

Quando Marcie terminou de falar, os pais estavam chorando. "Minha mãe foi a primeira a me abraçar. Depois foi a vez de meu pai, que disse: 'Sim, sim!'. Eu não estava preparada para o que aconteceria em seguida. Meu pai continuou falando, com lágrimas nos olhos: 'Eu a perdoo, mas primeiro preciso pedir perdão a você por muitas coisas que fiz. Sei que errei com você. Nunca conversei sobre isso com sua mãe, mas acho que está na hora de ela saber que maltratei você de uma maneira horrível. Desde que me tornei cristão, tenho pedido a Deus inúmeras vezes que me perdoe. Chorei muito por causa disso. Espero que sua mãe possa me perdoar também'."

Emocionada, Marcie prosseguiu seu relato: "Abracei meu pai e disse: 'Eu perdoo você. Também sou cristã, e sei que Jesus levou para a cruz tanto os seus pecados quanto os meus'. Então, minha mãe olhou para meu pai e falou: 'Não sei se posso perdoar você. E pensar que foi por causa disso que fiquei longe de minha filha por tantos anos...'. Passamos as duas horas seguintes conversando e chorando juntos. Incentivei meus pais a buscarem a ajuda de um conselheiro e, assim, trabalharem juntos as questões emocionais relacionadas àquele problema. Era o começo de uma jornada de cura interior para todos nós".

Devo dizer com clareza que, em minha opinião, se o pai de Marcie não tivesse pedido perdão pelos maus-tratos que cometeu, o relacionamento familiar não teria sido restaurado. Ela não tinha como pedir perdão no lugar dele — ele era o único que poderia fazer isso. Quando Marcie se desculpou, estava falando dos erros que ela cometera; é tudo que podemos fazer. Mas, não raro, nossa iniciativa cria um ambiente emocional que torna mais fácil para a outra pessoa pedir perdão. Fico pensando em quantos jovens com os quais conversei nas ruas de San Francisco poderiam promover um reencontro familiar como o de Marcie. Bastaria apenas optarem por seguir a trilha do perdão, tomando a iniciativa.

Como pedir perdão a filhos adultos

Agora vamos analisar o outro lado da equação. Não existem pais perfeitos. Já vimos várias pessoas aceitarem o pedido de desculpas de pais que as maltrataram e os perdoarem com sinceridade de coração. Se o seu relacionamento com um filho adulto está comprometido, por que não tomar a iniciativa de pedir perdão? Pense nos anos de sofrimento que poderiam ter sido evitados se o pai de Marcie tivesse se prontificado antes a procurá-la para confessar seu erro e pedir perdão. O constrangimento que ele passaria certamente seria um preço muito baixo em comparação com a cura emocional que proporcionaria. O pedido de desculpas teria poupado aquela família de anos de afastamento. Nem todos os erros que alguém comete são tão graves e devastadores quanto o abuso sexual, mas quando falhamos com nossos filhos os resultados são sempre negativos. Reconhecer os erros e pedir que os filhos adultos nos perdoem é a melhor maneira de remover as barreiras emocionais.

Identifique um relacionamento desgastado

Via de regra, os erros que cometemos não são de ordem moral, e sim relacional. Durante uma conferência para adultos solteiros, falei sobre o relacionamento entre filhos e pais. Depois que terminei, Brenda me procurou e perguntou se podia me contar seu drama. Concordei, e ela começou:

"Meus pais são gente muito boa. Fizeram muito por mim. Na verdade, o problema é justamente este: fizeram mais do que deviam. Sou filha única, e ambos dedicaram a vida inteira à minha criação. A filosofia que adotaram foi a seguinte:

'Deixe que a gente resolva isso para você'. Consequentemente, cresci com a sensação de que não era capaz de fazer nada. Lembro-me de certa vez, quando eu tinha mais ou menos sete anos, em que fiz minha cama assim que acordei. Minha mãe entrou no quarto alguns minutos depois e disse: 'Meu Deus, que confusão!', e começou a arrumar a cama de novo, dessa vez do jeito dela. Acho que ela pensou que estava fazendo a coisa certa, mas isso aumentou minha sensação de inutilidade. Não fui uma boa aluna na faculdade, principalmente por causa do conceito que formei a meu respeito".

Brenda continuou: "Amo muito meus pais. Acho que o casamento deles era tão frágil que ambos passaram a tomar conta de mim como única forma de satisfação. Eu preferia que tivessem tomado conta um do outro e me deixado aprender a cuidar de mim. Gostaria de falar com eles sobre esse meu sentimento, mas não quero magoá-los. Minha mãe até fica perguntando por que não os visito com mais frequência".

Eu me solidarizei muito com o drama de Brenda. Já conheci muitas pessoas que enfrentam relações familiares bem parecidas com a dela. Os pais geralmente são gente trabalhadora que foi criada sem muita fartura. Deram duro e conseguiram melhorar de vida, e desejam fazer pelos filhos o que ninguém fez por eles quando eram mais jovens. No entanto, fazem tanto que os filhos nunca aprendem a resolver os problemas por conta própria. O cuidado excessivo alimenta uma dependência que se manifesta em diversas áreas da vida, sendo a financeira a mais evidente de todas. O filho adulto cresce sabendo pouco sobre o valor do dinheiro e sem muita motivação para trabalhar. Isso não apenas coloca essa pessoa numa situação de subordinação financeira como também gera dificuldades emocionais e de relacionamento.

Se você é pai ou mãe de um jovem adulto com quem tem uma relação tensa, ou que, em sua opinião, não está atingindo todo o seu potencial em várias áreas da vida, seria bom refletir sobre esse relacionamento. Pode ser que tenha chegado a hora de pedir perdão a ele.

Peça desculpas mesmo quando o erro não foi intencional

Você não cometeu esses erros porque quis. Estava tentando cuidar de seu filho ou de sua filha, mas sua atitude tornou a vida mais difícil para ele ou ela. Um pedido de desculpas não poderá consertar os problemas de inadequação emocional e relacional causados por esse erro, mas tem poder para proporcionar cura ao relacionamento. O fato de você agora conseguir enxergar aquilo que o filho adulto já sabia há muitos anos, mas não queria lhe dizer, demonstra que sua sensibilidade aos erros que cometeu é maior. E mais: mostra também que você reconhece essas falhas.

Se você conhece a linguagem do perdão primordial de seu filho adulto, certifique-se de que ela será incluída no pedido de desculpas. Caso não saiba, nossa sugestão é que use todas as cinco linguagens, e com certeza descobrirá a mais importante para ele.

Por exemplo, se a linguagem do perdão primordial de sua filha é a aceitação de responsabilidades — ou seja, o que ela deseja ouvir é algo do tipo "eu errei" — e você não a utiliza na hora de se desculpar, é possível que sua iniciativa não gere os resultados desejados e a reconciliação não aconteça. Um pedido sincero de desculpas abre espaço para o perdão e para a restauração plena do relacionamento.

Como pedir perdão a irmãos e irmãs

Conforme crescem, muitos irmãos magoam uns aos outros por meio de palavras ou atitudes inadequadas. Se não forem ensinados a pedir desculpas, essas mágoas podem se tornar barreiras emocionais no relacionamento entre eles.

Uma briga por causa de uma lápide

Lembro-me de quando Michael foi a meu consultório e disse:

— Tornei-me cristão há cerca de dois anos, mas há algo que me perturba demais. Meu irmão e eu temos um relacionamento muito ruim. Na verdade, estamos sem nos falar há cinco anos. Desde o enterro de minha mãe, não demonstrei nenhum interesse de conversar com ele.

Perguntei-lhe, então, o que causou esse distanciamento.

— Bem, depois do enterro, minha irmã e eu conversamos com ele sobre a colocação de uma lápide no túmulo de mamãe — respondeu Michael. — Ele disse que não via necessidade nenhuma, e que seria um desperdício de dinheiro. Fiquei muito zangado com ele e disse que, se aquela era sua maneira de pensar, então não queria mais vê-lo de novo. Então, minha irmã e eu pagamos pela lápide, e nunca mais o vi desde então. Isso até que não me incomodava muito antes de eu me tornar cristão, e tenho lido o que a Bíblia fala a respeito do perdão. Acho que não está certo guardar esse rancor em relação a ele.

— Que tipo de relacionamento vocês tinham antes de sua mãe falecer? — perguntei.

— Nós nos dávamos muito bem. Não dá para dizer que éramos tão chegados assim, mas nunca tivemos nenhum tipo de briga. Havia um respeito muito grande de um pelo outro. Ele não visitava minha mãe com a frequência que eu gostaria. Eu passava todo dia para vê-la, e minha irmã também a visitava quase diariamente. Ele, porém, só ia à casa de mamãe uma vez por semana. Acho que a história da lápide foi apenas a gota d'água.

— E quanto a seu pai?

— Ele nos deixou quando ainda éramos muito pequenos. Nunca mais o vi. Minha mãe não quis casar de novo. Ela usou toda a energia que lhe restava trabalhando e tentando garantir a comida na mesa para os filhos. Acho que esse é outro motivo por eu ter ficado tão ressentido com a atitude de meu irmão.

— Não é difícil para mim compreender por que você ficou tão bravo com tudo o que aconteceu — comentei. — É bem provável que eu também ficasse muito bravo se estivesse na mesma situação. Mas acredito que você vá concordar comigo que exagerou quando disse a ele que nunca mais queria vê-lo de novo.

— Eu sei — ele admitiu —, eu só estava muito zangado. Foi assim que me senti naquele momento. Mas sei que preciso tentar fazer as pazes. Não está certo irmãos viverem na mesma cidade e não se darem um com o outro.

"Não está certo irmãos viverem na mesma cidade e não se darem um com o outro."

— Você já ouviu seu irmão pedir desculpas por alguma coisa no passado?

— Não consigo me lembrar de nenhuma vez que meu irmão tenha se desculpado comigo — ele disse, depois de pensar um pouco. — Ele chegou a comentar com minha irmã que sentia muito por não ter visitado mais nossa mãe quando ela adoeceu. Fiquei feliz de ouvir isso, mas era tarde demais.

"Sinto muito sua falta"

Falei a Michael sobre as linguagens do perdão e expliquei por que perguntara se ele se lembrava de algum dia em que o irmão tivesse se desculpado:

— De modo geral, as pessoas usam a linguagem do perdão que mais desejam ouvir. Como ele disse à sua irmã que sentia muito por não ter visitado a mãe com mais frequência quando ela estava doente, suponho que a linguagem do perdão de seu irmão seja a manifestação de arrependimento: "Sinto muito, estou muito mal pelo que fiz". Por isso, sugiro que você entre em contato com seu irmão e apresente um pedido de desculpas pelo modo como falou com ele e pelo que disse sobre a lápide do túmulo de sua mãe.

— Não vai ser fácil — Michael argumentou.

— Tem razão. Talvez seja uma das coisas mais difíceis que você já tenha feito em sua vida, mas é possível também que seja uma das mais produtivas.

Juntos trabalhamos numa declaração que poderia sintetizar o pedido de desculpas. Ficou mais ou menos assim:

> Percebo que exagerei com você depois do enterro de mamãe, quando conversávamos sobre a questão da lápide. Sinto-me muito mal por ter dito aquelas coisas a você. Sei que não agi bem, e desde então tenho pensado muito sobre o que aconteceu. Eu realmente sinto muito por tudo que disse. Não sei se você é capaz de me perdoar, mas é isso que lhe peço. Se há alguma coisa que eu possa fazer para voltar a ter um bom relacionamento com você, me coloco à disposição. Lamento muito por tê-lo tratado daquela maneira, e também por ter falado que não queria vê-lo de novo. Eu pisei na bola com você. Sei que não tenho como apagar o que disse, mas quero deixar claro que sinto muito por ter

usado aquelas palavras. Elas não refletiam meu desejo sincero, e espero que você possa me perdoar.

Michael leu aquela declaração em voz alta. Seus olhos se encheram de lágrimas.

— É assim mesmo que me sinto — disse. — Queria muito ter a oportunidade de dizer isso tudo a meu irmão. O que preciso fazer agora?

— Minha sugestão é que você ligue agora e peça para passar na casa dele uma noite dessas para que possam conversar por alguns minutos. Se ele negar esse pedido, então é melhor esperar um mês antes de ligar de novo. Mas acredito que ele vá concordar. Se isso acontecer, ao chegar na casa de seu irmão não perca tempo falando de bobagens. Vá direto ao assunto e mostre logo que sua presença ali tem um propósito: pedir perdão a ele por algo que tem incomodado você há muito tempo. Depois de conversar com seu irmão, gostaria que você me ligasse, pois quero saber o resultado da conversa.

Ele concordou e me agradeceu pelo tempo que dediquei a seu problema.

A reação do irmão

Seis semanas depois, recebi uma ligação de Michael pedindo para marcar outra consulta na qual falaria a respeito do reencontro com o irmão. Achei ótimo, pois queria mesmo saber como tinha sido.

Dois dias depois, ele veio a meu consultório e contou:

— Não tenho palavras para expressar como me sinto feliz por ter seguido seu conselho. Foi uma das coisas mais difíceis que já fiz na vida, mas quando pedi perdão a meu irmão, ele começou a chorar. Ele disse: "Sei que aquilo que eu disse não estava certo. Eu deveria ter ajudado a pagar a lápide do túmulo da mamãe. Não sei, acho que nunca fui um sujeito muito sentimental. Mas sei que fiz uma coisa errada. A princípio, eu fiquei magoado e zangado com sua reação. Mais tarde, porém, percebi que você tinha o direito de dizer o que disse. Eu provavelmente teria dito a mesma coisa se estivesse em seu lugar. Por isso, acho que o que estou querendo dizer é o seguinte: eu perdoo você, se você me perdoar".

Emocionado, Michael prosseguiu:

— Nós nos abraçamos e ficamos chorando por um bocado de tempo. E meu irmão ainda disse: "Quero que você me diga quanto custou a lápide, pois quero pagar minha parte, reembolsando você e Susan". Eu falei: "Você não precisa fazer isso. O simples fato de que voltamos a nos dar bem já é recompensa suficiente para mim". Ele respondeu, com lágrimas correndo pela face: "Eu sei, mas quero fazer isso em meu nome e em nome de nossa mãe". Concordei, dizendo: "Está bem, vou tentar encontrar a papelada e digo a você quanto custou a lápide". Então nos sentamos e conversamos durante uma hora sobre o que havia acontecido conosco desde a morte de mamãe. Foi uma oportunidade maravilhosa, e sinto como se nosso relacionamento tivesse sido restaurado. Na semana que vem, ele e a esposa vão visitar minha casa, e vamos fazer um churrasco. Minha mulher e eu estamos doidos para saber mais sobre a vida deles. Obrigado por me encorajar a pedir perdão.

Disse a ele que fiquei muito feliz pelo fato de ter seguido meu conselho.

— Quando se trata de relacionamentos, poucas coisas são mais poderosas do que aprender a assumir a responsabilidade pelas falhas que cometemos e pedir perdão com sinceridade à pessoa que ofendemos.

Acredito que muitos relacionamentos entre irmãos podem ser restaurados se um dos dois se dispuser a tomar a iniciativa e pedir desculpas. Não tenho como garantir que todos esses pedidos de perdão serão bem-sucedidos quanto foi no caso de Michael, mas tenho convicção de que os relacionamentos sempre ficam bem melhores quando uma das partes faz a opção por um pedido de desculpas.

Como pedir perdão aos parentes do cônjuge

Em nossa sociedade, piadas sobre sogras se tornaram tão recorrentes que muita gente fica na dúvida se deve ou não admitir a ideia de ter um bom relacionamento com elas. Mas há, também, o outro lado da moeda. Sogras muito autoritárias podem se tornar um "espinho na carne" permanente. Permita-me explicar, porém, que nesta parte do livro falaremos sobre a questão das sogras, mas também sobre sogros, noras e genros, na mesma proporção. Relacionamentos dessa natureza podem se tornar bem difíceis por uma simples razão: o casamento reúne dois sistemas de tradições e dois padrões de relação familiar. Essas diferenças criam conflitos quase inevitavelmente. A incapacidade para lidar com esses conflitos pode gerar anos de problemas familiares.

Eu (Gary) lembro-me de um casal que veio ao meu consultório há alguns anos.

— Não conseguimos entender nossa nora — disse Katherine. — Ela nos disse que não deseja que visitemos nossos netos sem que telefonemos antes para ter certeza de que ela pode nos receber. Que tipo de relacionamento é esse?

— Fui criado num lar em que meus avós paravam para nos visitar quase todo dia — prosseguiu o marido, Curtis. — É uma das principais lembranças que tenho de minha infância. Gostamos de nossa nora. Quando ela estava namorando Alan, ficamos satisfeitos em receber a notícia de que eles queriam se casar. Mas parece que agora, depois que eles tiveram filhos, ela mudou. Por que ela faz questão de dificultar tanto as coisas?

— Talvez porque agora ela é esposa e mãe, trabalha fora e ainda canta no coral — eu disse. — A vida dela ficou muito agitada. Se vocês aparecem de repente, isso se torna mais um fator de tensão para sua nora.

Logo vi que eles ficaram chocados com minha resposta, por isso perguntei:

— Ela e Alan costumam pedir a vocês que tomem conta dos filhos?

— Quase toda semana — respondeu Katherine. — É por isso que não me conformo. Tentamos ajudá-los para que possam passar tempo juntos, e aí ela nos trata dessa maneira.

Procurei explicar a eles a diferença na dinâmica familiar e como mudaram os padrões de uma geração para outra:

"Tentamos ajudá-los para que possam passar tempo juntos, e aí ela nos trata dessa maneira."

— Quando vocês eram crianças, a vida era muito mais simples, mais fácil e menos frenética. Vizinhos se visitavam com muito mais frequência. Era muito comum ver casas com grandes varandas na frente, cheias de cadeiras. No mundo de hoje, porém, varandas e cadeiras são coisa do passado. Temos a televisão, os computadores, as aulas de natação e dança, as lições de piano, as competições esportivas na escola e várias outras coisas. A vida familiar abrange muito mais atividades. De maneira geral, as pessoas dispõem de menos tempo para lazer e convivência. Por causa disso, ter parentes que nos visitam sem avisar com alguma antecedência, de acordo com a conveniência deles, costuma ser causa de tensão para um jovem casal que se esforça por criar bem os filhos.

Falei a eles que o pedido da nora para que ligassem antes de visitá-la, de modo a confirmar se a visita não causaria nenhum inconveniente, não era algo fora do comum na cultura moderna. Sugeri que Katherine e Curtis aproveitassem o máximo possível de oportunidades de cuidar dos netos, e que reconhecessem essas ocasiões como as melhores para interagir com as crianças.

Em seguida, expliquei que seria interessante para eles procurar a nora e se desculpar por terem sido tão insensíveis quanto à tensão que as visitas de surpresa causavam a ela. Com certeza, essa não era a maneira como eles esperavam que a conversa terminasse. Mas também posso dizer que estavam ouvindo cada palavra que eu dizia e fazendo o possível para compreender. Elogiei o casal por ter procurado minha ajuda em vez de continuar empurrando o problema para a frente. Se assim procedessem, provavelmente acabariam fazendo ou dizendo alguma coisa muito ruim, capaz de encerrar de vez o relacionamento que tinham com a nora.

— Vocês estão num ponto crucial desse relacionamento com sua nora — comentei. — Acho que um pedido sincero de desculpas da parte de vocês pode acabar com a mágoa e permitir que estabeleçam uma relação positiva com ela no futuro. Vocês sabem qual é a linguagem do perdão primordial de sua nora?

O olhar de dúvida dos dois me mostrou na hora que aquele conceito era novo para eles, por isso expliquei como funcionam as cinco linguagens do perdão e por que é tão importante usar a linguagem mais apropriada da outra pessoa.

— Acho que a linguagem primordial de nossa nora é ver a pessoa que errou assumir a responsabilidade — disse Katherine —, pois Alan nos disse que, quando eles discutem, ela quer que ele diga "errei". Para ela, um pedido de desculpas não pode ser considerado como tal se não tiver isso.

— Então, vamos dizer que a linguagem do perdão primordial de sua nora seja mesmo essa — falei. — Nesse caso, certifique-se de incluir isso no pedido de desculpas. Também não há mal nenhum em colocar elementos de outras linguagens nessa conversa.

Nos minutos seguintes, trabalhamos numa possível declaração para ser apresentada como pedido de perdão. Aqui está o texto final:

> Percebemos que, quando fazemos visitas sem avisar antes, colocamos vocês dois e as crianças numa situação de tensão desnecessária. Essa, com certeza, não é a nossa intenção. Entendemos agora que isso é um erro, e gostaríamos de pedir desculpas. Em nossa infância, a vida era bem diferente do que é hoje em dia. Não havia esse ritmo frenético, por isso era muito comum as pessoas se visitarem sem avisar antes. Mas sabemos que isso não acontece atualmente. Todos vivem sob forte tensão. Vocês trabalham fora, na igreja e ainda têm de cuidar das atividades das crianças. E nós queremos respeitar isso, de verdade. Adoramos quando vocês deixam as crianças conosco para que tomemos conta. Aproveitamos muito esse tempo que passamos com elas.
>
> Por isso, sintam-se à vontade para nos ligar à hora que quiserem. E nós prometemos que vamos tentar não fazer mais visitas inesperadas, e sim ligar sempre antes para saber se é uma boa hora para passar na casa de vocês. E se não for, não levaremos a mal, pois sabemos que a vida, às vezes, é muito estressante.

> Amamos vocês demais, e queremos que suas relações familiares sejam sólidas, assim como o casamento. Desejamos ser um recurso, e não um peso na vida do casal. Por isso, perguntamos: vocês nos perdoam por sermos um pouco chatos no passado? Sabemos que estávamos errados, e queremos que as coisas sejam diferentes no futuro.

Algum tempo depois, eles me disseram que o pedido de desculpas que apresentaram à nora foi bem-sucedido, e sentiam que o relacionamento com ela voltara a ser saudável. "Pelo visto, precisamos aprender a viver no século 21", eles disseram. "Obrigado por nos ajudar."

A maioria das relações tumultuadas entre sogros e genros ou noras pode ser muito melhor se algum deles se dispõe a pedir desculpas e aprender a se expressar na linguagem do perdão primordial do outro.

O mesmo se aplica a todos os outros relacionamentos familiares: avós e netos, tios e primos e, sem dúvida, também dentro de outras configurações de família. Mas, quer você faça parte de um clã enorme e próximo, no qual todos vivem na mesma cidade, quer sua família esteja espalhada por todo o país ou pelo mundo e vocês só se comuniquem pelas redes sociais, aprender a fazer e receber pedidos de perdão fará muito em favor da cura dos seus relacionamentos familiares.

Fale sobre o assunto

Você já experimentou ou observou um relacionamento partido ou danificado em sua família?

"Conforme crescem, muitos irmãos magoam uns aos outros por meio de palavras ou atitudes inadequadas." Como você lidou com isso em sua vida?

Como o fato de escrever uma declaração de pedido de perdão ajuda a lidar com um problema emocional? Você consegue se lembrar de alguma ocasião em que um pedido de perdão por escrito teria ajudado a consertar a situação?

11
Escolha perdoar-se

Jordan sempre tinha sido um adolescente exemplar. Era bom estudante, destacava-se nos esportes e participava ativamente dos programas da igreja relacionados à juventude. Agora, porém, estava chorando em meu consultório. Eu o conhecia desde que nascera, mas nunca o tinha visto tão emocionalmente abalado.

Ele começou falando devagar, tentando segurar as lágrimas:

— Estraguei tudo. Fiz uma confusão que acabou com minha vida inteira. O que eu queria mesmo era morrer.

— Você quer conversar comigo sobre esse problema? — perguntei.

Jordan ficou olhando para o chão e começou a contar:

— Tudo começou no ano passado. Conheci uma garota na escola. Sabia que não deveria começar a namorá-la, mas ela era tão bonita. Comecei a acompanhá-la até sua casa depois da escola. Descobri que o pai havia abandonado a família quatro anos antes, e a mãe não chegava em casa do trabalho antes das seis da noite. No início, só estudávamos juntos e conversávamos. Depois, começamos a nos acariciar, e não demorou muito para começarmos a fazer sexo. Eu sabia que aquilo não estava certo, mas tentei tomar cuidado. Mesmo assim, ela engravidou, e na semana passada fez um aborto.

O corpo inteiro de Jordan tremia. Chorava muito, a ponto de molhar a roupa com as lágrimas que escorriam de suas faces. Um minuto depois, ele voltou a falar:

— Decepcionei meus pais. Decepcionei meu Deus. Decepionei aquela garota. Eu mesmo fiquei decepcionado com o que fiz. O que eu queria mesmo era morrer.

Jordan era muito jovem, mas suficientemente sábio para compreender que precisava de ajuda. Durante o perído de um ano, eu o atendi regularmente. Vi quando ele assumiu a responsabilidade e pediu desculpas aos pais, àquela jovem e à mãe dela. Também o vi chorando, reconhecendo diante de Deus que havia cometido um pecado e pedindo o perdão divino. Ao final daquele ano de aconselhamento (àquela altura ele estava no primeiro ano da faculdade), Jordan me disse:

"Decepcionei meus pais. Decepcionei meu Deus. Decepionei aquela garota. Eu mesmo fiquei decepcionado com o que fiz. O que eu queria mesmo era morrer."

— Acho que ainda há um pedido de perdão que não fiz.

— E qual é? — perguntei.

— Acho que preciso pedir desculpas a mim mesmo.

— Isso é muito interessante. Por que você acha isso?

— Continuo me martirizando pelo que aconteceu — ele explicou. — Ainda fico relembrando o que fiz e me sentindo mal por causa disso. Acho que até hoje ainda não consegui me perdoar. Ao que parece, todas as outras pessoas já me perdoaram, mas eu mesmo ainda não o fiz. Talvez só consiga fazer isso quando pedir desculpas a mim mesmo.

— Acho que você está coberto de razão — opinei. — Por que não pensamos numa maneira de formular esse pedido de desculpas? O que você gostaria de dizer a si mesmo?

Jordan começou a falar e eu, a escrever:

— Gostaria de me dizer que cometi um erro. E não foi um errinho besta; eu fiz uma besteira muito grande. Queria me dizer como me sinto mal sobre tudo que aconteceu e como me arrependo do que fiz. Gostaria de falar que aprendi minha lição, e que me manterei sexualmente puro a partir de agora até o dia em que me casar. Queria me dar a liberdade de ser feliz novamente. Gostaria de me pedir perdão e ajuda para fazer minha vida cada vez melhor no futuro.

Escrevi muito rápido para não deixar passar nenhuma das palavras de Jordan.

— Me dê só um tempinho — pedi.

Virei-me na direção do computador e digitei o pedido de perdão de Jordan, devidamente identificado com o nome dele. Imprimi uma cópia, entreguei nas mãos do rapaz e disse:

— Quero que você fique na frente do espelho e faça esse pedido de perdão a si mesmo.

Ouvi e vi quando Jordan leu aquela declaração. Aqui estão as palavras que ele pronunciou:

> Jordan, quero dizer a você que cometi um erro. E não foi um errinho besta; eu fiz uma besteira muito grande. Jordan, quero dizer a você como me sinto mal sobre tudo que aconteceu e como me arrependo do que fiz. Gostaria de lhe dizer que aprendi minha lição, e que me manterei sexualmente puro a partir de agora até o dia em que me casar. Quero me dar a liberdade de ser feliz novamente. Por fim, Jordan, quero lhe pedir perdão e sua ajuda para fazer minha vida cada vez melhor no futuro.

Quando Jordan voltou a olhar para mim, eu disse:

— Vá em frente, leia a última frase.

Ele continuou:

— Jordan, como acredito que seu pedido de desculpas é sincero, escolho perdoá-lo.

As lágrimas corriam por sua face quando ele se virou para mim e nos abraçamos. Por um minuto, ambos choramos, emocionados pelo clima de perdão.

Jordan terminou a faculdade, casou e hoje em dia tem a própria família. Anos depois daquele periodo de aconselhamento, ele me disse: "A parte mais significativa de minha jornada foi o dia em que pedi desculpas a mim mesmo e me perdoei. Não acho que conseguiria ser feliz se não tivesse feito aquilo".

Como conselheiro, aprendi, a partir da experiência de Jordan e em primeira mão, o grande poder que há em se perdoar.

Quem somos e quem queremos ser

Por que pedir perdão a si mesmo? De maneira geral, você o faz pelo mesmo motivo que se desculpa com os outros: pelo desejo de restaurar um relacionamento. Quando se pede perdão a alguém, espera-se que essa iniciativa remova a barreira entre as duas partes, de maneira que o relacionamento continue a se desenvolver. Ao pedir perdão a si mesmo, você procura remover o desequilíbrio emocional entre a pessoa que *deseja* ser (o "eu" ideal) e aquela que *é* de fato (o "eu" real). Quanto maior a distância entre o "eu" ideal e o "eu" real, maior será a intensidade do distúrbio emocional interno. Estar "em paz consigo" é um estado que só ocorre quando a distância entre o "eu" ideal e o "eu" real desaparece. Pedir perdão a si mesmo (e, consequentemente, receber esse perdão) é uma maneira de acabar com essa distância.

Quanto maior a distância entre o "eu" ideal e o "eu" real, maior será a intensidade do distúrbio emocional interno.

Às vezes, a ansiedade tem sua origem quando a pessoa percebe a incapacidade de viver de acordo com determinados padrões morais. Era esse o caso de Jordan. Ele havia se comprometido a manter a pureza sexual até o dia do casamento. Sabia que não se tratava de um padrão moral adotado por todos os adolescentes, mas, para ele, era uma questão de ordem espiritual. Acreditava que era o desejo de Deus, e tinha a intenção de seguir esse princípio. Quando conscientemente violou os padrões morais que havia assimilado, foi tomado por ansiedade e culpa. Para Jordan, a distância entre o "eu" ideal e o "eu" real era imensa. Seus pedidos de desculpas a outras pessoas foram importantes para restaurar os relacionamentos, mas até pedir perdão a si mesmo, ainda não havia encontrado a paz interior.

As falhas morais acontecem de várias maneiras. Neal era um homem de 45 anos que tinha dois filhos. Havia ensinado os meninos desde pequenos a falar sempre a verdade. Para ele, a integridade era um valor moral muito elevado, e queria que seus filhos aprendessem a não mentir. Certa vez, porém, ao preencher o formulário do imposto de renda, ele "esticou" a verdade para que pudesse ter uma dedução maior. Na época, parecia uma bobagem sem maiores consequências. Contudo, durante a semana seguinte, Neal passou a ter maus pressentimentos em relação ao que havia feito. Só conseguiu voltar a um estado de equilíbrio emocional depois de preencher um formulário de correção do imposto de renda, pedir desculpas a si mesmo e conceder-se o perdão.

Roubar, mentir, enganar e praticar imoralidade sexual são exemplos de quebra de padrões morais que podem levar à culpa e à ansiedade. Pedir desculpas aos outros pode promover restauração nos relacionamentos, mas só quando a pessoa se perdoa é que remove a sensação de ansiedade e recupera a paz de espírito.

Quando sentimos que agimos mal, a imagem que fazemos a nosso respeito é prejudicada, embora nosso comportamento possa nem ter sido imoral ou mesmo muito importante. Lamentamos por não ter sido mais *maduros* e nos martirizamos por isso.

Ellen, da Nova Inglaterra, me disse o seguinte: "Não acredito que eu tenha sido tão infantil. Fiz uma cena por causa de uma diferença na conta do restaurante. Tratei o garçom muito mal, e ainda chamei atenção de todo mundo que estava nas outras mesas. Há várias semanas aquela cena não me sai da cabeça. Sempre achei que era uma pessoa reservada e respeitável, mas agora já não tenho tanta certeza disso".

Ellen estava sofrendo porque sua autoestima havia sido muito prejudicada. A diferença entre o "eu" ideal e o "eu" real lhe causaram grande sofrimento. Ela precisava pedir perdão a si mesma.

Há, ainda, o caso de Davis, um homem de negócios ambicioso que reagiu de maneira nada sábia a uma atitude de outro executivo da cidade. Ele me contou como estava se sentindo: "É como se eu tivesse dado um tiro no pé. Pedi desculpas à pessoa envolvida, e até acho que ela me perdoou. Mas tenho medo de que aquilo que fiz afete meus negócios daqui para a frente, e por muito tempo. Estou tendo grande dificuldade em superar o que aconteceu e me motivar para tocar a vida. Já cheguei a pensar em mudar para outra cidade e recomeçar do zero".

Davis lutava contra a opressão da ansiedade que aquela questão estava provocando, e essa sensação afetava sua maneira de tocar os negócios. Ele precisava pedir perdão a si mesmo para poder se concentrar no futuro, e não nos erros do passado.

Quando um fracasso do passado provoca ansiedade, a solução não é "tentar esquecer". Quanto mais se tenta tirar aquilo da cabeça, mais incomoda. A solução reside num pedido de desculpas à parte ofendida ou prejudicada para, em seguida, pedir perdão e perdoar a si mesmo.

Raiva de si mesmo

Quando não conseguimos viver de acordo com o "eu" ideal, o que acontece dentro de nós é o mesmo que ocorre quando ofendemos ou prejudicamos os outros: ficamos com raiva. Essa ira se volta contra a própria pessoa e costuma ser expressa por meio de *implosão* ou de *explosão*.

Quando explodimos de raiva, geramos mais sofrimento e raiva nos outros e, com isso, prejudicamos nossos relacionamentos. Quando implodimos, expressamos essa raiva contra nós mesmos. Isso pode se manifestar na forma de ofensas pessoais: "Sou um estúpido", "Sou muito burra", "Nunca faço nada certo", "Nunca serei nada na vida". Essas são as atitudes próprias da raiva implosiva. Em casos extremos, ela pode se manifestar na forma de agressões ao próprio corpo: cortar os pulsos, bater com a cabeça e puxar os cabelos são alguns exemplos. Não importa se a pessoa explode ou implode: a raiva nunca melhora uma situação.

Em certo aspecto, a ira contra si mesmo quando você sente que "estragou tudo" é normal. Mas eis a maneira positiva de processar essa raiva: primeiro, admita que o que fez foi insensato, errado ou prejudicial tanto para os outros quanto para você; segundo, peça desculpas à pessoa ofendida na esperança de que ela concederá o perdão; terceiro, desculpe-se de maneira consciente com você mesmo e opte por conceder-se o perdão.

Como faço isso?

Pedir perdão a si mesmo exige uma conversa introspectiva. Talvez você já tenha ouvido alguém dizer: "Falar sozinho é sinal de doença mental". Isso está errado! Pessoas mentalmente saudáveis sempre falam sozinhas; é assim que se motivam, se orientam e se questionam. Algumas dessas conversas introspectivas acontecem em voz alta; outras, mentalmente e em silêncio. Uma mulher que conheço disse: "Quando tenho um grande desafio diante de mim, sempre murmuro, repetidas vezes: 'Você consegue fazer isso'. Isso ajuda!".

Pessoas mentalmente saudáveis sempre falam sozinhas; é assim que se motivam, se orientam e se questionam.

Quando se trata de pedir desculpas a si mesmo, prefiro incentivar o paciente a fazê-lo em voz alta. Se você conhece sua linguagem do perdão primordial, então concentre-se no uso dela, mas inclua as outras quatro para formar uma espécie de crédito emocional.

Na época em que fiz o aconselhamento de Jordan, ainda não havia descoberto as cinco linguagens do perdão. No entanto, vejo agora que ele fez um ótimo trabalho, usando as cinco linguagens consigo. Meu palpite é que a linguagem primordial de Jordan era a aceitação da responsabilidade. Digo isso porque ele começou a apresentar o pedido de desculpas dizendo: "Cometi um erro. E não foi um errinho besta; eu fiz uma besteira muito grande". Descobri que, quando as pessoas pedem desculpas, é muito comum começarem usando a própria linguagem do perdão primordial. Com isso, estão dizendo aos outros o que esperam que eles façam quando as procurarem para se desculpar.

Sugerimos que você coloque no papel seu pedido de desculpas antes de verbalizá-lo. Aqui está um resumo do pedido que Jordan fez a si mesmo. Removemos o nome dele e o substituímos por um espaço em branco para que você inclua o seu. Pode mudar a ordem das declarações, se desejar, assim como as palavras. Estamos oferecendo esse modelo apenas como uma maneira de ajudar você a tomar a iniciativa de escrever seu pedido de desculpas.

> ______, quero dizer a você que cometi um erro. E não foi um errinho besta; eu fiz uma besteira muito grande. ______, quero dizer a você como me sinto mal sobre tudo que aconteceu e como me arrependo pelo que fiz. Gostaria de lhe dizer que aprendi minha lição, e quero me dar a liberdade de ser feliz novamente. Por fim, quero lhe pedir perdão e sua ajuda para fazer minha vida cada vez melhor no futuro. _____, porque acredito na sinceridade de seu pedido de desculpas, escolho perdoar você.

Vá em frente e coloque seu pedido de perdão no papel. Depois de fazer isso, nós o encorajamos a se colocar diante de um espelho, olhar nos próprios olhos e, em voz alta, pedir desculpas a si mesmo. Acreditamos que essa iniciativa é um passo importante no processo de restauração que proporcionará a paz interior.

O que significa "perdoar-se"?

Perdoar-se é como perdoar alguém que ofendeu ou prejudicou você. Isso significa deixar de guardar mágoa contra essa pessoa. Você a aceita de volta em sua vida e fará o possível para continuar a desenvolver aquele relacionamento. O erro cometido deixou de ser uma barreira. Se um muro simbolizasse a ofensa ou o prejuízo que você sofreu, o perdão seria representado pela força que derruba esse muro. Ele permite que as duas pessoas voltem a interagir e ouçam uma à outra de maneira compreensiva. Isso abre espaço para que voltem a trabalhar juntas, como se formassem um time.

A mesma coisa vale quando falamos de perdoar a si mesmo. Em essência, perdoar-se é uma escolha. Sofremos pelo erro em que incorremos. Preferíamos não o ter cometido, mas a verdade é que aconteceu. Já nos desculpamos com outras pessoas possivelmente envolvidas no problema. Talvez tenhamos até buscado o perdão de Deus e pedido desculpas a nós mesmos. Agora chegou a hora de se perdoar. Precisamos fazer essa opção. Não há nenhum benefício em expressar essa raiva contra si, seja de maneira explosiva, seja implosiva. Os dois comportamentos são destrutivos. Optar por se perdoar elimina a distância entre o "eu" ideal e o "eu" real. Quando nos perdoamos, estamos reafirmando nossos ideais mais elevados, admitindo nossas falhas e renovando o compromisso de viver de acordo com esses padrões.

Depois de escrever seu pedido de desculpas, também incentivamos você a colocar no papel a concessão do perdão. Veja a seguir um modelo que pode ajudar a elaborar uma declaração pessoal:

> ______, o erro que você cometeu me criou grandes problemas. Por causa dele, a ansiedade tomou conta de mim. Mas ouvi seu pedido sincero de desculpas. Eu valorizo você. Portanto, escolho lhe conceder o perdão. Não vou mais guardar mágoas. Farei

todo o possível para tornar seu futuro melhor. Pode contar com meu apoio. Vou dizer mais uma vez, ______: eu perdoo você.

Depois de escrever essa declaração, aconselhamos você a se colocar mais uma vez diante do espelho, olhar em seus olhos e verbalizar esse perdão em voz alta.

Tal como acontece quando concedemos perdão a outras pessoas, o fato de perdoar a si mesmo não elimina todo o sofrimento nem as lembranças do erro cometido, assim como não apaga necessariamente todas as consequências do ato cometido. Por exemplo, se a pessoa mentiu ou roubou, é possível que precise enfrentar os resultados do comportamento ruim. O que o perdão faz é libertar o coração e a mente da escravidão imposta pelos erros do passado e abrir espaço para um futuro melhor.

Aprenda com os erros

Agora você está em condições de mudar o curso de sua vida. Às vezes, as pessoas cometem o erro de tentar nunca mais pensar no fracasso. A verdade é que podemos aprender muito com os erros cometidos. Pergunte a si mesmo: "Quais foram os fatores que me levaram a fazer aquilo?". São eles que deverão ser corrigidos.

Por exemplo, se você passou a abusar do álcool ou das drogas, é possível que tenha se colocado numa situação que favoreceu essa dependência. No futuro, não deve permitir que isso volte a ocorrer. Se o seu erro tem a ver com imoralidade sexual, então é melhor se afastar de qualquer coisa que incite à repetição desse comportamento.

Além de poder aprender com os erros do passado, agora você também tem condições de dar passos afirmativos para tornar o futuro mais promissor. Isso pode significar novas leituras, participação em seminários, conversas com amigos ou aconselhamento. Isso tudo proporciona mais informações e orientações que nortearão seu futuro. Pedir perdão a si mesmo e optar por se perdoar possibilita sonhar com um futuro mais brilhante.

Fale sobre o assunto

Por que às vezes parece mais fácil perdoar outras pessoas do que perdoar a si mesmo? Como você vê isso em sua vida?

Compartilhe uma experiência em que você teve de dar "passos afirmativos" para superar um desafio.

O que você acha da ideia de conversar consigo sobre o perdão a si mesmo? Isso lhe parece natural ou estranho? Como seu passado influencia seu modo de encarar esse conceito de conversar consigo mesmo?

12
Arrependimento verdadeiro, perdão verdadeiro

O premiado filme *Lincoln*, de Steven Spielberg, gira em torno dos meses da vida do grande presidente norte-americano durante os quais ele lutou para aprovar a Proclamação de Emancipação. O sucesso do filme lembrou os norte-americanos mais uma vez de sua dolorosa história de escravidão. Muito tem sido dito no decorrer dos anos sobre "pedido de perdão" pela escravidão, sobre fazer reparações e efetuar reconciliação. O mesmo tem acontecido em relação a outros grupos tratados com injustiça, como norte-americanos de origem japonesa que foram presos durante a Segunda Guerra Mundial ou índios norte-americanos que sofreram grandemente à medida que o país se expandia rumo ao oeste.

Hoje, quando tantos conflitos em nossas famílias e cidades são "resolvidos" por meio de tiros, devemos perguntar: o que aconteceria se todos nós aprendêssemos a pedir perdão de maneira mais eficiente? Se aprendêssemos a perdoar e a aceitar o perdão?

Talvez possamos aprender com uma criança de 5 anos de idade.

Quando nossa neta Davy Grace tinha 5 anos, a mãe e o pai permitiram que ela passasse uma semana especial com os avós. Karolyn e eu ficamos felizes da vida. Foi uma semana muito divertida. Mas uma experiência ficou gravada de forma indelével em nossa memória. Karolyn tem uma gaveta especial na qual guarda adesivos para os netos. Davy Grace, é claro, sabia dessa gaveta e pediu à avó que lhe desse alguns adesivos. Karolyn disse a ela que poderia pegar três, os que ela escolhesse.

Uma ou duas horas depois, começamos a ver adesivos colados em todas as partes da casa. Davy Grace tinha pegado todos os que estavam na gaveta e espalhado de maneira aleatória. Karolyn disse a ela:

— Pensei ter dito a você que poderia pegar apenas três adesivos, mas você pegou o pacote inteiro.

Davy Grace ficou em silêncio. A avó continuou:

— Você desobedeceu à vovó.

Nossa neta começou a chorar, e então disse:

— Preciso de alguém que me perdoe.

Nunca vou me esquecer daquelas palavras nem do sofrimento que vi estampado no rostinho de Davy Grace. Minhas lágrimas se uniram às dela quando a abracei e disse:

— Meu bem, todos precisamos de alguém que nos perdoe. O vovô ficará feliz em perdoá-la, e tenho certeza de que vovó também.

Karolyn se juntou a nós naquele abraço de reconciliação.

Alguém que nos perdoe

Pensei naquela cena muitas vezes enquanto escrevia este livro sobre o perdão. Estou convencido de que a necessidade de ser perdoado é universal, e que reconhecer essa necessidade constitui a essência do pedido de desculpas.

A necessidade de pedir desculpas surge da percepção de que, por meio de palavras ou atos, eu traí a confiança de outra pessoa e a ofendi de alguma maneira. Quando essas ofensas seguem impunes, o relacionamento é prejudicado. Passo a viver com um sentimento de culpa ou na presunção de que tenho razão, enquanto a pessoa prejudicada sofre, continua decepcionada ou com raiva. Ambos sabemos que nosso relacionamento não está bom. Se nenhum dos dois toma a iniciativa, ficará cada vez pior.

Há muitos anos, enquanto vivia em Chicago, costumava trabalhar como voluntário da missão Pacific Garden. Conheci muitos homens e algumas mulheres que me falavam do que passavam enquanto estavam vivendo nas ruas. Percebi que havia um traço em comum entre todas aquelas histórias: aquelas pessoas passaram por uma série de experiências nas quais alguém as tratou de forma injusta. (No mínimo, era isso que achavam.) E ninguém jamais pedira perdão. Muitas delas admitiram que também trataram mal outras pessoas e não conseguiram se desculpar. O resultado foi a formação de uma cadeia de relacionamentos interrompidos. Não havia ninguém para quem aquelas pessoas pudessem voltar, por isso elas iam para as ruas. Fiquei tentando imaginar como as coisas seriam diferentes se alguém as tivesse ensinado a pedir perdão.

No outro polo do espectro social estão as corporações. Nos últimos anos, vemos muitos executivos de empresas acusados e, em alguns casos, condenados por fraude. Alguém pode perguntar o que teria acontecido se esses executivos tivessem aprendido a pedir perdão enquanto ascendiam profissionalmente.

Muitos funcionários do governo também ajudaram a compor o rol dos condenados. A maioria deles se declarava inocente até ser provada a culpa. Quando alguém pedia desculpas, elas eram apresentadas em termos muito nebulosos, e geralmente em benefício próprio. No caso de executivos do governo ou do serviço público, a relutância em pedir perdão pode ser resultado do medo de que tal iniciativa seja usada contra eles. Eles raciocinam da seguinte maneira: "É melhor ficar quietinho e manter meu cargo do que pedir desculpas e perder tudo". Muitos nunca conseguiram entender que há coisas na vida mais importantes do que poder e dinheiro. Albert Einstein escreveu: "Às vezes, o que conta não pode ser contado, e o que pode ser contado não conta".[1]

Na contramão da cultura

Para homens e mulheres "comuns", a relutância em pedir desculpas baseia-se em padrões culturais que obervaram e assimilaram durante a sua criação. Por essa razão, como vimos anteriormente, algumas pessoas passam logo a culpar as outras por suas falhas. Outras negam ter cometido qualquer erro, e o fazem com a maior frieza do mundo. Há ainda as que fazem um pedido de desculpas breve e seco, esperando que seja suficiente para não se tocar mais no assunto.

No entanto, cada vez mais gente aprende a baixar seu ritmo e reservar tempo para pedir perdão com sinceridade. Trata-se de pessoas fortes. São heróis. São aqueles de quem todo mundo deseja se cercar. São os que merecem a confiança das pessoas.

Se pedir perdão fosse um estilo de vida

A arte de pedir perdão não é fácil, mas pode ser aprendida. E vale a pena se empenhar nesse aprendizado. Quando alguém se desculpa, as portas se abrem para um novo mundo de saúde emocional e espiritual. Quem toma essa iniciativa é capaz de se olhar no espelho, olhar outras pessoas de frente e adorar a Deus "em espírito e em verdade". Esses que pedem perdão com sinceridade têm maior probabilidade de receber perdão sincero.

Se pedir desculpas fosse um estilo de vida, não haveria mais necessidade de se construir muros. Os relacionamentos seriam autênticos. Com certeza, as pessoas cometeriam erros, mas essas falhas seriam tratadas de maneira aberta e honesta. Haveria manifestações de arrependimento; quem errasse assumiria a responsabilidade e se disporia a compensar o prejuízo; com sinceridade e humildade no coração, diria: "Preciso de alguém que me perdoe". Creio que, na maioria dos casos, se aprendêssemos a nos desculpar de maneira eficaz, seríamos perdoados de verdade.

Quando alguém se desculpa, as portas se abrem para um novo mundo de saúde emocional e espiritual.

Quando pedir desculpas se torna um estilo de vida, os relacionamentos são saudáveis. As pessoas encontram a aceitação, o apoio e o incentivo de que precisam. Menos gente se envolve com drogas e álcool para tentar escapar de relações doentias. E menos gente passa a viver nas ruas das cidades.

Sim, Davy Grace, eu também preciso de alguém que me perdoe. Dos 5 aos 85 anos de idade, todos precisamos de alguém que nos perdoe. E é mais provável que isso aconteça se aprendermos a pedir desculpas de maneira eficaz. Que este livro possa nos levar a tomar essa iniciativa. Aprendamos a reconhecer e superar essa tendência de jogar a culpa sobre os outros, de negar os erros que cometemos e de apresentar pedidos de perdão breves e incipientes, nos quais não há disposição sincera de resolver o problema.

Ao encerrarmos este livro, talvez você também queira se juntar a nós nesta oração: "Pai, conceda-me a mesma atitude de Davy Grace. Que eu também possa dizer: 'Preciso de alguém que me perdoe'. Por favor, ensina-me a pedir perdão de maneira eficaz. Amém".

Fale sobre o assunto

Separe algum tempo para discutir alguns dos conflitos e males de nossa sociedade. De que maneira a admissão dos erros ajudaria a tratar alguns desses males?

Apêndice

O que não dizer ao pedir perdão

Em que momento você fica indiferente a um pedido de perdão e decide que a outra pessoa não é sincera? Muitas vezes, rejeitamos um pedido de perdão tão logo ouvimos palavras que culpam, que dão desculpas ou que negam. Você quer usar as melhores práticas para pedidos de perdão, aquelas que realmente funcionam? Em caso afirmativo, omita as frases apresentadas a seguir. Quando estou sentado em minha cadeira de conselheiro e ouço essas frases sendo direcionadas a um parceiro, costumo interromper e dizer: "Você está indo na direção ERRADA. Vá em frente apenas se quiser destruir o relacionamento".

- Você ainda não superou isso?
- Lamento que você tenha se sentido ofendido.
- Pedi e recebi o perdão de Deus.
- Eu deveria ser desculpado porque eu...
- Você é sensível demais. Eu só estava brincando.
- Por que você sempre...?
- Se você não tivesse...
- Você parece sua mãe.
- Isso é bobagem.
- A vida é assim mesmo.
- Qual é o problema?
- Você se sentiu ofendido de modo tão excessivo que...

- Ora, me deixe em paz!
- Você precisa superar isso.
- Não há nada que eu possa fazer sobre isso agora. Não posso apagar o passado!
- Por que você não consegue simplesmente esquecer o passado?

O que dizer ao pedir perdão

Qual é a maneira correta de pedir perdão? Existem dois bons métodos: você pode escrever um pedido de perdão e então lê-lo para a pessoa, ou pode simplesmente expressá-lo verbalmente. Não tente fazer um pedido de perdão sério utilizando meios virtuais. Reservar um tempo para falar diretamente com a pessoa é um jeito muito melhor de transmitir sua sinceridade.

Que medidas tomar para fazer um bom pedido de perdão? A linguagem corporal pode ajudar ou atrapalhar a sinceridade de seu pedido. Certifique-se de manter contato visual, não cruzar os braços de maneira defensiva, ouvir com atenção e falar com tom de voz agradável. Então, escolha palavras que não lancem culpa, que deem desculpas para seu comportamento ou que neguem sua responsabilidade. Em vez disso, assuma a responsabilidade pela sua parcela do problema (faça isso ainda que não tenha sido culpa sua), expresse tristeza pela mágoa causada, ofereça-se para fazer restituição, mencione atitudes que você pode ter para impedir que o problema aconteça novamente e pense em um pedido adequado de perdão.

Eis uma boa frase para ajudar você a retomar uma questão: "Gostaria de voltar ao assunto do (cite o problema). Percebo que não disse (ou fiz) as coisas da maneira correta. Peço perdão por isso". Esse método lhe traz de volta ao tópico e mostra sua disposição de estar aberto e de não agir na defensiva.

A seguir, use algumas destas frases de perdão testadas e aprovadas. Use mais de uma delas se elas se aplicarem à sua situação, se a ofensa tiver acontecido repetidamente ou se o dano tiver sido sério:

- Eu errei, e não tenho desculpas.
- Assumo a responsabilidade pelo erro que cometi.
- Pode ser que leve um bom tempo até que sigamos adiante por causa daquilo que fiz.
- Se eu fosse você, teria dificuldades para me perdoar.
- Arruinei sua confiança.
- Fui descuidado, insensível, imprudente ou rude.
- Farei o que for necessário para consertar meu erro daqui para a frente.
- Minhas ações foram inaceitáveis.
- Meu coração dói ao pensar no que fiz.
- Você não merece ser tratada desse jeito.
- Você tem todo direito de ficar chateado.
- Sei que o que fiz foi errado.
- Meu erro é parte de um padrão que preciso mudar.
- Vou reconstruir sua confiança fazendo...
- Tentarei compensar você pelo...
- Coloquei você numa posição muito difícil.
- Percebo que isso é conversa fiada. Sei que preciso lhe mostrar que vou mudar.
- Espero que eu não tenha esperado tempo demais para me desculpar do jeito que você merece.
- Será que algum dia você vai me perdoar?

Questionário das linguagens do perdão

O levantamento a seguir visa ajudar você a descobrir sua linguagem do perdão. Leia cada um dos vinte cenários hipotéticos e faça uma marca ao lado da resposta que você mais gostaria de ouvir, caso aquela situação em particular ocorresse em sua vida. Presuma que, em cada cenário, você e a outra pessoa têm um relacionamento no qual existe total interesse de ambos em manter uma atitude de respeito e consideração. Em outras palavras, se o relacionamento for prejudicado de alguma forma pela outra pessoa, presuma que o relacionamento é suficientemente importante para que você acredite ser necessário receber o pedido de perdão quando a outra pessoa o apresentar. Presuma também que o "ofensor" tem consciência do que fez pelo fato de você ter expressado sua dor de maneira perceptível e direta.

Algumas das possíveis respostas a cada um dos vinte cenários são semelhantes. Concentre-se menos em sua semelhança e mais na escolha da resposta que mais apela a você e, então, siga para o próximo item.

1. Seu cônjuge esqueceu-se do seu aniversário de casamento. (Se você não for casado, presuma que esteja nesse cenário.) Ele / ela deveria dizer:

    ____ ◊ "Não acredito que me esqueci. Você e nosso casamento são muito importantes para mim. Sinto muito."

____ ❍ "Não há desculpas para eu ter me esquecido. Onde eu estava com a cabeça?"

____ △ "O que posso fazer para provar meu amor por você?"

____ ❑ "Você pode apostar que não me esquecerei no ano que vem! Vou anotar essa data na minha agenda!"

____ ☆ "Sei que magoei você, mas será que poderia me perdoar?"

2. Sua mãe sabia como você se sentia em relação a determinado assunto e, conscientemente, fez algo contrário ao que você queria. Ela deveria dizer:

____ ❍ "Se eu tivesse pensado melhor no que estava fazendo, teria percebido que estava errada."

____ △ "O que posso fazer para reconquistar seu respeito?"

____ ❑ "Não desprezarei seus sentimentos no futuro."

____ ☆ "Você me dá uma segunda chance?"

____ ◊ "Eu sabia como você se sentiria, mas mesmo assim fui na direção contrária à que você desejava. Gostaria de não ter feito isso."

3. Você estava em meio a uma crise e precisava de ajuda, mas seu amigo ignorou sua necessidade. Ele deveria dizer:

____ △ "Dizer que sinto muito não me parece suficiente. O que mais posso fazer ou dizer para restaurar nossa amizade?"

____ ❑ "Percebo agora que eu poderia ter sido mais útil para você, e prometo que farei tudo o que puder para ajudá-lo se você tiver um problema de novo."

____ ☆ "Sinto muito, de verdade, e peço que me perdoe."

____ ◊ "Eu deveria ter ficado ao seu lado. Sinto muito por tê-lo desapontado."

____ ❍ "Desapontei você quando você mais precisava de mim. Cometi um erro terrível."

4. Sua irmã fez um comentário indelicado sobre você. Ela deveria dizer:

____ ❑ "Embora eu provavelmente venha a dizer coisas erradas de novo no futuro, o que aprendi com essa experiência me ajudará a evitar magoar você com comentários indelicados."

____ ☆ "Estraguei tudo! Você me perdoa?"

____ ◊ "Foi muito impensado de minha parte. Gostaria de ter sido mais atenta a seus sentimentos."

____ ❍ "Sei que o que eu disse foi errado e que feri seus sentimentos."

____ △ "Você permite que eu me retrate pelo que disse? Gostaria de ter uma chance de restaurar sua reputação."

5. Seu cônjuge respondeu com raiva num momento em que você não havia cometido nenhum erro aparente. Ele deveria dizer:

____ ☆ "Sinto muitíssimo por ter gritado com você. Espero que lá no fundo do seu coração você encontre o desejo de me perdoar."

____ ◊ "Gostaria de não ter magoado você com meus gritos. Eu me sinto péssimo pelo modo como tratei você."

____ ❍ "Eu estava irritado, mas não tinha o direito de falar com você daquela maneira. Você não merecia aquilo."

____ △ "O que posso fazer ou dizer para acertar as coisas entre nós?"

____ ❑ "Tenho medo de voltar a fazer isso de novo, e não quero fazê-lo. Ajude-me a pensar numa maneira de evitar que eu exploda assim no futuro."

6. Você estava orgulhoso de sua realização, mas seu amigo agiu como se aquilo fosse algo trivial. Ele deveria dizer:

____ ◊ "Você precisava que eu compartilhasse da sua euforia e desapontei você. Odeio o fato de não ter reagido de maneira mais apropriada."

____ ❍ "Estraguei sua comemoração ao não me alegrar por você. Eu poderia dar desculpas, mas, no fundo, não há desculpa para ignorar sua realização."

____ △ "É tarde demais para comemorarmos essa sua realização? Quero muito compensar o que fiz."

____ ❑ "Prometo que vou observar e comemorar suas realizações no futuro. Aprendi uma lição difícil."

____ ☆ "Sei que já falhei com você antes, mas poderia me perdoar mais uma vez?"

7. Seu parceiro de negócios deixou de consultar você sobre um assunto importante de interesse mútuo. Ele deveria dizer:

____ ❍ "Estraguei tudo desta vez. Errei ao não incluir você nessa decisão. Você tem o direito de estar chateado comigo."

____ △ "Há alguma coisa que eu possa fazer para compensar o que fiz?"

____ ❑ "No futuro, pretendo consultar você não importa o que acontecer. Não vou ignorá-lo ao tomar decisões novamente."

____ ☆ "Você tem todo o direito de se ressentir de mim em relação a isso, mas será que poderia me perdoar?"

_____ ◊ "Sei agora que magoei você profundamente. Sinto muito pelo que disse, de verdade."

8. Um colega de trabalho ridicularizou ou constrangeu você de maneira não intencional na frente de outras pessoas. Ele deveria dizer:

_____ △ "Existe alguma forma de eu reparar nosso relacionamento? Você gostaria que eu lhe pedisse perdão na frente da equipe?"

_____ ❑ "É fácil desconsiderar os sentimentos dos outros, mas quero ser mais atencioso com você e com outras pessoas no futuro. Você me ajudaria, cobrando essa postura de mim?"

_____ ☆ "Não tive a intenção de ferir você, e agora tudo o que posso fazer é pedir seu perdão e tentar não repetir esse mesmo erro."

_____ ◊ "Arrependo-me profundamente por ter constrangido você. Gostaria de poder voltar no tempo e dizer algo mais apropriado."

_____ ❍ "Isso foi muito descuidado de minha parte. Pensei que estava sendo engraçado, mas é óbvio que magoar você da maneira como magoei não é nada engraçado."

9. Você estava tentando dizer algo importante a uma amiga e ela mostrou desinteresse. Ela deveria dizer:

_____ ❑ "Estraguei tudo desta vez, mas no futuro prometo que lhe darei total atenção quando você tiver algo importante para me dizer."

_____ ☆ "Sinto muito por não estar escutando. Você não tem de me perdoar, mas espero que o faça."

_____ ◊ "Não ter escutado o que você estava dizendo faz

com que eu me sinta péssima. Sei como é passar por isso e me arrependo de não ter ouvido você."

_____ ❍ "Ouvir é parte muito importante de um bom relacionamento, só que mais uma vez eu estraguei tudo. Você precisava que eu a ouvisse, e eu basicamente ignorei sua necessidade."

_____ △ "Podemos tentar de novo? Você vai falar e eu vou escutar. Vou dedicar a você toda a minha atenção.

10. Seu irmão descobriu que, no passado, errou em relação a um ponto significativo de conflito entre vocês. Ele deveria dizer:

_____ ☆ "Peço perdão. Você poderia me perdoar?"

_____ ◊ "Estou chateado comigo mesmo pela maneira como lidei com nossa discordância. Meu comportamento pôs em risco nosso relacionamento, e isso me assusta. Me arrependo de como agi."

_____ ❍ "Admito que estava errado. Se, naquele momento, soubesse do que sei agora, eu poderia ter evitado muita dor de cabeça entre nós."

_____ △ "O que posso fazer para consertar nosso relacionamento? Sinto que preciso fazer ou dizer algo para restaurar seu respeito por mim."

_____ ❑ "Se discordarmos em relação a uma questão no futuro, planejo entender bem a situação antes de fazer qualquer julgamento. Isso poderá evitar discussões desnecessárias."

11. Embora você tenha expressado repetidas vezes seu incômodo diante de determinado hábito, seu cônjuge continuou a exibir o mesmo comportamento para irritar você. Ele deveria dizer:

_____ ◊ "Já fui longe demais com isso. Sinto muito por não ter sido mais compreensivo. Eu não ficaria contente se você fizesse isso comigo."

_____ ❍ "Ok, eu admito: estou perturbando você de propósito, e isso não é engraçado nem justo. Preciso agir de maneira mais madura."

_____ △ "Dizer que sinto muito não vai anular o fato de que tenho tentado conscientemente perturbar você. O que mais posso fazer para reconquistar sua consideração?"

_____ ❑ "Adquiri o hábito de desconsiderar seus desejos e não quero continuar com isso. De agora em diante, farei um esforço adicional para honrar seus desejos."

_____ ☆ "Testei sua paciência e agora peço que me perdoe. Você permite que haja um recomeço na questão de honrar os seus pedidos?"

12. Seu pai lhe deu um "gelo" como modo de fazer você se sentir culpado por alguma coisa da qual os dois discordam. Ele deveria dizer:

_____ ❍ "Não nego que eu seja culpado. Deveria ter lidado com a situação com mais justiça e franqueza."

_____ △ "Gostaria de compensá-lo por isso tudo de algum modo, e quero continuar falando com você. Posso levar você para jantar fora?"

_____ ❑ "No futuro, serei mais sincero sobre meus sentimentos, sem tentar fazer com que você se sinta culpado por não concordar comigo."

_____ ☆ "A escolha é sua, mas espero muito que você me perdoe."

____ ◊ "Você é adulto e eu me sinto péssimo por tentar controlar suas decisões. Não quero correr o risco de prejudicar nosso relacionamento."

13. Um parceiro comercial quebrou uma promessa e fez com que você perdesse um prazo importante. Ele deveria dizer:

____ ❑ "É tarde demais para fazer alguma coisa em relação a isso agora, mas quero muito evitar esse tipo de erro novamente. Vamos conversar sobre o que posso fazer no futuro para cumprir minhas promessas."

____ ✰ "Não espero que você me perdoe, considerando o problema que lhe causei, mas ficaria muito feliz se me perdoasse."

____ ◊ "Sinto muito. Eu prometi que cumpriria minha obrigação e não apenas decepcionei você como fiz com que perdesse seu prazo. Sei que isso coloca em risco seu trabalho e nossa parceria."

____ ❍ "Realmente fiz uma grande bagunça desta vez. Você perdeu seu prazo por minha causa."

____ △ "Não sei o que posso fazer neste momento, mas há alguma maneira de eu compensar você pela minha parte no não cumprimento do prazo?"

14. Seu vizinho lhe pediu que o esperasse do lado de fora do teatro, mas ele não deu as caras. Ele deveria dizer:

____ ✰ "Nossa amizade é muito importante, e espero que você não se afaste de mim. Você me perdoa por deixá-lo esperando?"

____ ◊ "Sinto muito por você ter ficado me esperando. Você é importante para mim e eu deveria ter respeitado você e seu tempo, estando ali no lugar onde eu disse que estaria."

____ ❍ "Você ficou em pé ali esperando por mim, pensando que eu apareceria a qualquer momento, e eu o decepcionei. Se eu tivesse gerenciado meu tempo de outra maneira, teria chegado. É totalmente minha culpa."

____ △ "Vamos a outra peça e, desta vez, pagarei sua entrada como modo de me de desculpar por ter deixado você esperando da última vez."

____ ❑ "No futuro, controlarei meu tempo e gerenciarei minha agenda de modo que possa cuidar de nossa amizade da maneira devida."

15. O filho de uma amiga quebrou um bem de valor durante uma visita à sua casa. Sua amiga deveria dizer:

____ ◊ "Sei que isso era uma coisa valiosa para você e me sinto péssima pelo que aconteceu."

____ ❍ "Eu deveria ter prestado mais atenção em meu filho. Foi culpa minha não perceber o que estava acontecendo. Se eu tivesse agido diferente, isso não teria acontecido."

____ △ "Prefere que eu pague por esse item especial ou posso comprar um igual para você? Há alguma maneira de substituí-lo?"

____ ❑ "Prometo que terei mais cuidado com suas coisas no futuro e não permitirei que meu filho brinque em áreas 'fora do limite' quando estivermos em sua casa."

____ ☆ "Você tem todo o direito de estar chateada, mas espero que possa me perdoar e continuar sendo minha amiga a despeito do seu desapontamento."

16. Um membro da igreja acusou você de ser o único culpado pelo fracasso de um projeto conjunto, muito embora ele tenha compartilhado tarefas de liderança do comitê. Ele deveria dizer:

____ △ "Não há desculpa para o meu comportamento, e a única maneira de eu me sentir remotamente melhor é acertar isso entre nós. O que você quer que eu faça ou diga?"

____ ❑ "Ou eu aprendo a tratar os membros da equipe de maneira mais adequada ou não liderarei mais nenhum comitê. Quero que essa experiência me leve a crescer."

____ ☆ "Por favor, perdoe-me. Errei em culpar você e oro para que me perdoe."

____ ◊ "Não acredito que culpei você dessa maneira. Estou com muita vergonha do meu comportamento e lamento profundamente por isso."

____ ❍ "Sou tão responsável pelo fracasso desse projeto quanto qualquer outra pessoa. Eu deveria ter admitido minhas deficiências nessa área."

17. A despeito da promessa de guardar seu segredo, seu colega de trabalho violou sua confiança contando o segredo a outras pessoas do escritório. Essa pessoa deveria dizer:

____ ❍ "Eu lhe disse que guardaria o segredo e quebrei a promessa, prejudicando sua confiança em mim. Cometi um erro terrível."

____ △ "Diga-me o que devo fazer para que sua confiança em mim seja restaurada."

____ ❑ "Pode levar algum tempo até que volte a confiar em mim, mas vou me esforçar de agora em diante para provar que sou digno de confiança."

____ ☆ "Não há necessidade de responder imediatamente, mas você consideraria me perdoar por esse erro?"

____ ◊ "Quem dera eu tivesse pensado em quanto dano eu estava causando ao contar seu segredo. Eu me sinto péssimo por não ter levado minha promessa mais a sério."

18. Sua colega de trabalho falou negativamente sobre você a outros membros da equipe. Ela deveria dizer:

____ △ "Quero fazer tudo o que puder para corrigir meu erro. Devo pedir perdão na frente da equipe?"

____ ❑ "Se eu me chatear novamente com você, prometo parar para pensar e abordar você diretamente e de maneira respeitosa."

____ ☆ "Talvez você não consiga me perdoar, pelo menos não agora, mas espero que o faça um dia."

____ ◊ "O que eu disse foi indelicado e mal-educado. Lamento muito e gostaria de poder retirar o que disse."

____ ❍ "Tive uma atitude ruim e nem por um instante levei em conta seus atributos positivos. Deveria ter pensado mais no que eu estava dizendo."

19. Apesar de suas várias realizações positivas, seu supervisor só sabe criticar seu desempenho. Ele deveria dizer:

____ ❑ "Você merece reconhecimento por seu esforço. Tentarei ser mais equilibrado da próxima vez."

____ ☆ "Espero que isso não prejudique nosso relacionamento. Você aceita meu pedido de perdão?"

____ ◊ "Sinto muito por ter me concentrado nas falhas menores do seu desempenho. Lamento não o ter incentivado mais."

____ ❍ "Deixei de elogiar você em relação aos muitos pontos fortes do seu desempenho, e talvez você tenha pensado que tudo o que fazia era inútil. Como seu supervisor, eu deveria ser mais atencioso elogiando-o pelo bom trabalho que você faz."

____ △ "Como posso conseguir seu perdão? Quer que eu escreva os pontos fortes de seu desempenho?"

20. Durante o almoço, o garçom derramou comida em você e manchou sua camisa. Ele deveria dizer:

____ ☆ "Por favor, perdoe-me por meu descuido."

____ ◊ "Sinto muito por isso. Lamento ter estragado sua camisa e causado tamanho inconveniente."

____ ❍ "Costumo ser bastante atento, mas não fui cuidadoso o suficiente desta vez. Assumo total responsabilidade por essa confusão."

____ △ "Gostaria de reembolsá-lo pela lavanderia ou pelo custo de uma camisa nova. O que lhe parece mais adequado?"

____ ❑ "Isso me ensinou uma dura lição. Pode ter certeza de que serei ainda mais cuidadoso no futuro quando servir os clientes."

Registro e interpretação de seus pontos

Volte e conte quantas vezes você marcou cada um dos símbolos. Depois, transfira o total para os locais apropriados a seguir. Se, por exemplo, você marcou 8 vezes o ❑, então escreva o número 8 no espaço acima do ❑ no quadro a seguir.

____	____	____	____	____
◊	❍	△	❑	☆

Como você já deve ter adivinhado, cada um dos cinco símbolos representa uma linguagem do perdão. Desse modo, ◊ = manifestação de arrependimento, ❍ = aceitação da responsabilidade, △ = compensação do prejuízo, ❑ = arrependimento genuíno e ☆ = pedido de perdão. O símbolo que você tiver marcado mais vezes ao responder às vinte questões do inventário é sua linguagem do perdão principal.

Evidentemente, a maior pontuação possível para qualquer uma das linguagens individuais é vinte. Se você marcou a mesma quantidade de pontos para duas ou mais linguagens, então pode se sentir igualmente receptivo a duas ou mais linguagens do perdão.

Notas

Capítulo 1

[1] Para uma análise mais aprofundada sobre a questão da ira acumulada, veja *Ira! Aprenda a expressar essa emoção* (São Paulo: Mundo Cristão, 2000).

[2] Dietrich Bonhoeffer, *Discipulado* (São Paulo: Mundo Cristão), p. 25.

Capítulo 2

[1] Amanda McElfresh, "Anti-bullying program brings students together", *theadvertiser.com*, 14 de dezembro de 2012, disponível em: <http://www.theadvertiser.com/article/20121214/NEWS01/212140323/Anti-bullying-program-brings-students-together>.

[2] Robert Fulghum, *All I Really Need to Know I Learned in Kindergarten* (Nova York: Balantine, 1986 [publicado no Brasil como *Tudo que eu devia saber na vida aprendi no jardim de infância*, Rio de Janeiro: Best Seller, 2007]), p. 4.

Capítulo 3

[1] Citado por Ken Blanchard e Margret McBride, *The One Minute Apology* (Nova York: Harper Collins, 2003 [publicado no Brasil como *A desculpa minuto*, São Paulo: Campus, 2003]), p. 1.

[2] Idem, p. x.

[3] Pelas leis de trânsito norte-americanas, ao ver um ônibus escolar estacionado, os motoristas vindos dos dois sentidos da rua não podem ultrapassá-lo, como medida de segurança para as crianças. (N. do T.)

[4] Reese Andrews, "An Unexpected Apology", *Reese Andrews Blog*, 18 de abril de 2012, disponível em: <http://www.reeseandrews.com/unexpected-apology/>.

Capítulo 4

[1] Associated Press, "Thief returns cash from Ohio kettle with apology", *NPR*, 6 de dezembro de 2012, disponível em: <http://www.npr.org/templates/story/story.php?storyId=166649892>.

[2] Ryan Parker, "Victims' families of Aurora theater shooting protest remembrance event", *Denver Post*, 2 de janeiro de 2013, disponível em: <http://www.denverpost.com/breakingnews/ci_22297268/auror-theater-victims-families-plan-boycott-theater-reopening>.

[3] Andy Stanley, *Since Nobody's Perfect... How Good Is Good Enough?* (Sisters, OR: Multnomah, 2003), p. 72.

[4] Everett L. Worthington Jr., *Forgiving and Reconciling* (Downers Groove, IL: Intervarsity), 2003, p. 205.

[5] Para uma leitura mais aprofundada a respeito das cinco linguagens do amor nos relacionamentos entre adultos, leia *As 5 linguagens do amor*, 3ª ed. (São Paulo: Mundo Cristão, 2013), e *As 5 linguagens do amor para solteiros* (São Paulo: Mundo Cristão, 2005).

Capítulo 5

[1] Peter Meyer e Paul Pronovost, "An apology to our readers", *Cape Cod Times*, 4 de dezembro de 2012, disponível em: <http://www.capecodonline.com/apps/pbcs.dll/article?AID=/20121204/NEWS/121209902>.

[2] "How It Works", *Alcoholics Anonymous* (Nova York: Alcoholics Anonymous World Services, Inc., 1976), p. 59.

Capítulo 6

[1] Realizamos uma pesquisa com mais de 370 adultos no período 2004-2005 durante vários seminários sobre casamento. Também coletamos respostas enviadas para o *site* <garychapman.org>. Foi uma pesquisa sem rigor científico, mas incluiu pessoas casadas e solteiras. A maioria das que responderam nos seminários era formada por casais de noivos e cônjuges. O questionário da pesquisa continha sete perguntas.

[2] Lembre-se: para as pessoas que possuem personalidade controladora, pedir desculpas é algo que está além de sua zona de conforto emocional. Para aprender a usar de maneira eficaz a linguagem do perdão do

pedido de desculpas ou, até onde se sabe, qualquer uma das demais linguagens, a pessoa muito controladora provavelmente precisará da ajuda de alguém de fora: Deus, um conselheiro, um pastor ou um amigo que seja franco.

[3] Citado por Joanne Kaufman, "Forgive Me", em *Good Housekeeping*, novembro de 2004, p. 174.

Capítulo 8

[1] Lisa-Marie Williams, "Apathy Sucks: 'Tis the Season for Making Amends", *RYOT News*, 17 de dezembro de 2012, disponível em: <http://www.ryot.org/apathy-sucks-tis-the-season-for-making-amends/36774>.

Capítulo 9

[1] Robert Enright, disponível em: <www.forgiveness-Institute.org/html/about_forgiveness.htm>.

[2] Richard Francis Weymouth, *The New Testament in Modern Speech* (Londres: Clarue and Company, 2001).

Capítulo 12

[1] Michael S. Woods, *Healing Words* (Oak Park, IL: Doctors in Touch, 2004), p. 19.

Compartilhe suas impressões de leitura,
mencionando o título da obra, pelo e-mail
opiniao-do-leitor@mundocristao.com.br
ou por nossas redes sociais

Esta obra foi composta com tipografia Palatino
e impressa em papel Pólen Natural 70 g/m² na gráfica Imprensa da fé